Mira Fischer

Materialien und Kopiervorlagen
zur Klassenlektüre

Heidemarie Brosche

COUCH ON FIRE

Hase und Igel®

Inhalt

80797 München, service@hase-und-igel.de
www.hase-und-igel.de
Lektorat: Anna Schultes
Illustrationen: Jana Moskito
Druck: Joh. Walch GmbH & Co. KG, Im Gries 6,
86179 Augsburg, kontakt@walchdruck.de

ISBN 978-3-86316-137-8
3. Auflage 2025

„Couch on Fire" – Das Buch im Unterricht

Das Buch

Abhängen, chillen, entspannen – das gehört wohl zu den Lieblingsbeschäftigungen vieler Teenager. Zeitweiliges Abschalten vom stressigen Alltag und Phasen der Freizeit sind wichtig für die seelische Gesundheit und die persönliche Entwicklung von Jugendlichen, doch extreme Faulheit und eine „Null-Bock-Haltung" können sich negativ auf den häuslichen Frieden und die schulischen Leistungen auswirken. Der Roman „Couch on Fire" greift das Thema auf humorvolle Weise auf, ohne zu moralisieren, und ganz aus der Perspektive des sympathischen jugendlichen Protagonisten.

Der vierzehnjährige Matthias-Georg ist ein Faulpelz, wie er im Buche steht – darum wird er von seinen Mitschülern „Couch" genannt. Er verbringt seine Freizeit am liebsten auf dem Sofa, mit der Fernbedienung, dem Smartphone und einer Tüte Chips in Reichweite. Häusliche Pflichten und Schulaufgaben meidet er, wo er kann, was zu Spannungen mit seiner Mutter und seinen Lehrern führt.

Doch dann tritt Yayo in sein Leben und stellt alles auf den Kopf. Die neue Mitschülerin und Halbjapanerin sieht nicht nur aus wie Couchs Lieblings-Anime-Figur, sie ist darüber hinaus auch außergewöhnlich nett und hilfsbereit. Als sie dem kranken Protagonisten einen Besuch abstattet, um ihm die Hausaufgaben vorbeizubringen, kommt Bewegung in Couch. Endlich findet er die Motivation, sein Zimmer aufzuräumen und ernsthaft über die Schularbeiten nachzudenken – schließlich darf er Yayo auf keinen Fall enttäuschen! Nach und nach sickert die Erkenntnis bei Couch durch: Ich muss etwas in meinem Leben ändern, wenn ich das Mädchen meiner Träume für mich gewinnen will. Dieser Entschluss hat nicht nur positive Folgen für die Beziehung zu Yayo, sondern auch für das Verhältnis zu seiner Mutter. Am Ende ist die „Couch-Potato" zum verantwortungsbewussten jungen Mann gereift.

Die Lektüre eignet sich inhaltlich und formal ideal für den Einsatz in der 6. bis 8. Klasse. Die geschilderten Erlebnisse, Gefühle und Gedanken sind aus der Lebenswelt der Schüler gegriffen, der Tonfall ist witzig und authentisch und die Ich-Perspektive lädt zur Identifikation mit der Hauptfigur ein. Themen wie Streitigkeiten mit den Eltern, erste Liebe, Verantwortung und gesellschaftliches Engagement betreffen die Jugendlichen direkt und wecken ihre Neugier. Die kurzweilige Handlung und auch die witzigen Illustrationen im Comicstil motivieren zum Weiterlesen.

Das Material

Das Begleitmaterial bietet Aufgaben, um die Romanhandlung und die Figuren zu analysieren und das Textverständnis der Schüler zu überprüfen. Darüber hinaus nimmt es wichtige und spannende Themen in den Blick, die in der Lektüre angeschnitten werden: Konflikte in der Schule und zu Hause, ein faires soziales Miteinander, gesellschaftliches Engagement und Klimawandel sowie Freizeitaktivitäten und Hobbys, z. B. Mangas und analoge Fotografie. Einen „roten Faden" bildet die Auseinandersetzung mit dem Protagonisten Couch, seiner Entwicklung und den Beziehungen zu seinem Umfeld.

Das Material ist in fünf Abschnitte gegliedert, wobei sich die ersten vier am chronologischen Verlauf der Lektüre orientieren. Die Einheit „Nach der Lektüre" lädt dazu ein, die Handlung und die Veränderungen des Protagonisten noch einmal zu rekapitulieren und das eigene Verhalten humorvoll zu reflektieren.

Jeder Abschnitt beginnt mit einem Lehrerteil, der eine inhaltliche Zusammenfassung der einzelnen Kapitel, didaktische Hinweise und Musterlösungen zu den Kopiervorlagen enthält. Vertiefen Sie die Lektürearbeit durch die Anregungen aus den Bereichen „Gesprächs- und Schreibanlässe" sowie „Kreativ aktiv".

Signets am oberen Seitenrand verdeutlichen den thematischen Schwerpunkt jeder Kopiervorlage:

Zur Lektüre

Couchs Welt

Konflikte / soziales Miteinander

Engagement und Energie

Freizeit und Entspannung

Viel Erfolg bei der Arbeit mit Buch und Material wünscht Ihnen und Ihrer Klasse

Mira Fischer

1. bis 8. Kapitel: Yayo taucht auf

Inhalt

(1) Der Protagonist Matthias-Georg kommt an einem Freitagnachmittag von der Schule nach Hause. Er freut sich darauf, nun endlich auf der Couch zu entspannen. Doch einiges ist anders als sonst: Auf der Fensterbank liegt Müll, die Fernbedienung fehlt und sein Handy ist auch verschwunden! Nicht einmal eine vorgekochte Mahlzeit hat seine Mutter für ihn im Kühlschrank deponiert. Stattdessen findet Matthias-Georg auf der Arbeitsplatte nur einen Zettel mit der Botschaft, sein Essen stehe im Kochbuch.

(2) Das Telefon klingelt. Als Matthias-Georg den Anruf entgegennimmt, meldet sich ein fremdes Mädchen mit dem Namen „Jajo". „Jajo" hat sein Smartphone gefunden, das Matthias-Georg auf dem Heimweg bei einem Sturz aus der Tasche gefallen ist. Sie schlägt vor, sich in zehn Minuten zur Übergabe zu treffen. Nach einem Blick in den Spiegel springt Matthias-Georg schnell unter die Dusche und stürmt dann zum vereinbarten Treffpunkt.

(3) Matthias-Georg ist beim Anblick des Mädchens völlig überwältigt: Es sieht aus wie Hinata, seine Lieblings-Anime-Figur! Im Anschluss an die Übergabe fragt er das Mädchen nach seiner Handynummer. Yayo gibt ihm stattdessen ihre Adresse. Matthias-Georg freut sich, dass er nun weiß, wo Yayo wohnt. Gleichzeitig graut ihm bei dem Gedanken, in eine fremde Straße zu laufen und an einer fremden Haustür zu klingeln.

(4) Als Matthias-Georg nach Hause kommt, ist auch seine Mutter von der Arbeit zurückgekehrt. Doch die Hoffnung auf eine warme Mahlzeit wird enttäuscht. Die Mutter reicht Matthias-Georg einen Zettel, auf dem sie ihre Unzufriedenheit über die Faulheit ihres Sohnes ausdrückt und ankündigt, sich vorläufig nicht mehr um alles zu kümmern.

(5) Matthias-Georg plagen Gewissensbisse: Hat er seinen Hamster vernachlässigt? Im Internet findet er heraus, dass eine Komplettreinigung des Käfigs Hamstern schaden kann. Er beschließt, das ganze Wochenende über nicht mehr mit seiner Mutter zu reden und ihr die Ergebnisse seiner Google-Recherche am Montagmorgen zusammen mit einem Brief vorzulegen. Die beiden folgenden Tage verbringt Matthias-Georg ohne warmes Essen in seinem Zimmer.

(6) Am Montagmorgen wacht Matthias-Georg ungewöhnlich früh auf. Er legt den Brief für seine Mutter auf den Küchentisch und macht sich auf den Weg zur Schule. Im Klassenzimmer erwartet ihn nicht nur seine Lehrerin Frau Hart, sondern auch seine neue Bekanntschaft Yayo. Als Matthias-Georg sie durch das Schulhaus führt, erfährt er, dass Yayo mit ihrer japanischen Mutter und ihrem deutschen Vater vor ein paar Jahren aus Japan nach Deutschland gekommen und erst vor Kurzem hierhergezogen ist.

(7) Auf dem Weg zum Klassenzimmer begegnen Matthias-Georg und Yayo ihren Mitschülern Kevin und Firat. Die beiden beleidigen Yayo mit rassistischen Sprüchen. Die wiederum lässt sich dadurch kaum aus der Ruhe bringen und zeigt sich Kevin gegenüber sogar hilfsbereit. In der Klasse fordert die Lehrerin Yayo auf, sich vorzustellen, und bittet sie, sich neben Matthias-Georg zu setzen. Als Yayo sich bei Matthias-Georg nach seinem Spitznamen „Couch" erkundigen möchte, macht Frau Hart ihn für die Unterrichtsstörung verantwortlich. Doch Yayo verteidigt Couch.

(8) In der Pause versuchen Kevin und Firat wieder, Yayo zu provozieren. Während sie sich mit Rimon aus der Parallelklasse unterhält, empfindet Couch Eifersucht. Aber dann lässt Rimon die beiden stehen. Couch erklärt Yayo, wie sein Name Matthias-Georg entstanden ist, und bringt sie mit einem Witz zum Lachen. Eine weitere Beleidigung von Firat kontert Couch mit einem eigenen Spruch, wofür ihm Yayo dankbar ist.

Unterrichtsschwerpunkte

- Lektüreerwartungen formulieren
- die Hauptfigur und ihr Umfeld kennenlernen
- Personenbeschreibungen verfassen
- das Textverständnis überprüfen
- Informationen im Internet recherchieren und präsentieren
- Texte analysieren
- die Sozialkompetenz trainieren: Umgang mit rassistischen und sexistischen Sprüchen, Konfliktlösung

Zu den Kopiervorlagen

Das Cover

Dieses Arbeitsblatt dient dem Einstieg in die Lektüre. Bevor die Schüler den Klappentext lesen, äußern sie ausgehend von Titel und Cover ihre Vermutungen über den Inhalt des Buches. Klären Sie zunächst die wörtliche Bedeutung des englischen Titels. Durch seine Bildlichkeit lässt er sich gut künstlerisch darstellen. Gehen Sie an dieser Stelle noch nicht auf die übertragene Bedeutung von „Couch on Fire" ein.

Daraufhin betrachten die Jugendlichen das Cover näher und versuchen, Schlüsse über die Hauptfigur, den Inhalt und die Illustration der Lektüre zu ziehen. Das Notieren von Stichpunkten bildet die Vorbereitung für eine kleine Schreibaufgabe: Auf der Grundlage ihrer Vermutungen formulieren die Schüler einen eigenen Klappentext. Im Anschluss an die Bearbeitung von Aufgabe 3 drehen sie das Buch um und lesen den Text auf der Rückseite. Stimmen ihre Erwartungen mit der Inhaltsbeschreibung überein? Tauschen Sie sich gemeinsam darüber aus.

Lösung

Aufgabe 1:
Die Schüler zeichnen das Bild einer Couch, die in Flammen steht.

Aufgaben 2 und 3:
Illustration: Comicstil
individuelle Lösung

Willkommen zu Hause!

Im 1. Kapitel ist es Freitagnachmittag und Matthias-Georg freut sich, dass die Schulwoche hinter ihm und das Wochenende vor ihm liegt. Diese vertraute und witzig geschilderte Ausgangssituation lädt die Jugendlichen zur Identifikation mit dem Protagonisten ein und bietet eine Gelegenheit, sich über das eigene Freizeitverhalten auszutauschen (siehe Anregung „Freizeitaktivitäten" in der Rubrik „Gesprächs- und Schreibanlässe", S. 9).

In den Aufgaben 1 bis 3 widmen sich die Schüler dem Erleben der Hauptfigur und suchen einzelne Textstellen heraus. Indem sie sich den Zustand der Wohnung und Matthias-Georgs Vorlieben vor Augen führen, erhalten sie ein eindrückliches Bild des Protagonisten und seiner Lebenswelt. So können sie nach der Lektüre des 1. Kapitels bereits eine grundsätzliche Einschätzung über seinen Charakter und die Beziehung zu seiner Mutter abgeben.

Lösung

Aufgabe 1:
Hintern auf die Sitzfläche sinken lassen, leichte Rechtsdrehung, Kopf auf die Erhöhung und gleichzeitig Beine hoch! Durch nichts auf der Welt ist dieses Gefühl zu toppen.

Aufgabe 2:

	Matthias-Georg sucht …	Matthias-Georg findet …
auf der Fensterbank	die Fernbedienung	drei leer gelöffelte Puddingbecher, einen halb leer gelöffelten Joghurtbecher, ein vollgeschnäuztes Papiertaschentuch, eine Bananenschale in Tiefschwarz
in der Hosentasche	sein Handy	nichts
im Kühlschrank	vorgekochtes Essen	ein Stück Stinkekäse, ein halbes Stück Geburtstagstorte, drei schrumpelige Radieschen

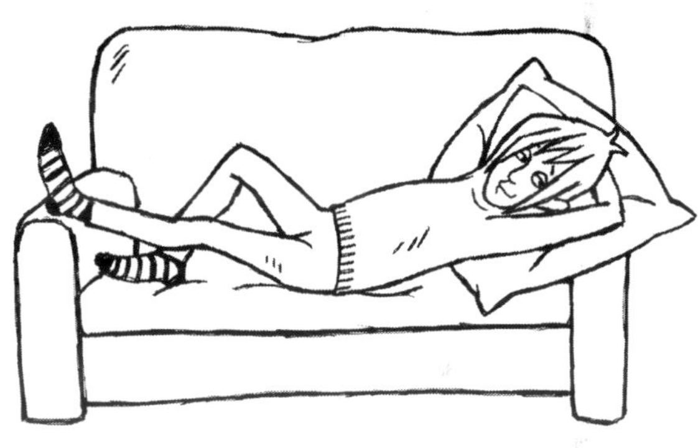

Aufgabe 3:
Dein Essen steht im Kochbuch.

Aufgabe 4:
In der Klassendiskussion können Matthias-Georgs ausgeprägte Bequemlichkeit, seine Vorliebe fürs Fernsehen und Spielen auf dem Smartphone und die möglicherweise angespannte Beziehung zu seiner Mutter, die von dem Verhalten ihres Sohnes enttäuscht ist, zur Sprache kommen.

KV Seite 12

Wer ist Couch?

Im Laufe der ersten Kapitel lernen die Schüler den Protagonisten immer besser kennen. Alle bekannten Informationen über ihn sammeln sie in einem Steckbrief. Sprechen Sie mit den Jugendlichen über Couchs Namen, deren Verwendung vom Kontext abhängt. Fragen Sie Ihre Schüler, ob sie auch unterschiedliche Namen haben und von wem und in welcher Situation sie wie genannt werden.

Zwar sind Faulheit und Bequemlichkeit seine hervorstechendsten Charakterzüge, aber Couch verfügt auch über

Hilfsbereitschaft, Humor und Schlagfertigkeit. In der zweiten Aufgabe belegen die Jugendlichen diese Eigenschaften mit einem Textbeispiel.

Lösung
Aufgabe 1:
Namen: Matthias-Georg, Matthi, Couch
Aussehen: rundlich, nachlässig gekleidet
Eigenschaften: hilfsbereit, witzig, schlagfertig, faul, bequem, stur
Lieblingsgegenstände: Couch, Smartphone, Fernseher
Lieblingsbeschäftigungen: auf der Couch liegen, fernsehen, auf dem Smartphone spielen, Chips essen
Familienkonstellation: lebt allein mit seiner Mutter

Aufgabe 2:
hilfsbereit: Couch führt Yayo durchs Schulhaus. (6. Kapitel, S. 30/31)
witzig: Couch macht sich über sich selbst lustig, indem er sich den Spitznamen „Schrank" gibt. (8. Kapitel, S. 42)
schlagfertig: Couch kontert Firats Äußerung über das „Blötchen" mit einem guten Spruch. (8. Kapitel, S. 43)

KV Seite 13

Der größte Faulpelz der Klasse

Auf diesem Arbeitsblatt geht es darum, wie Couch von seinen Mitmenschen wahrgenommen wird und wie sich seine Faulheit auf sein Umfeld auswirkt. In der ersten Aufgabe suchen die Schüler Aussagen anderer Figuren über den Protagonisten heraus. Anschließend wählen sie einen Bereich aus Couchs Leben aus und betrachten diesen genauer: Wie beeinflusst das Verhalten des Protagonisten die Beziehung zu seiner Mutter, das Wohlergehen seines Hamsters oder seine Stellung in der Schule? Bei der Bearbeitung dieser Aufgaben wird deutlich, dass Couchs Faulheit häufig negative Konsequenzen hat, sowohl für ihn selbst als auch für die Menschen in seinem Umfeld und sein Haustier.

Aus den Ergebnissen dieses und des vorherigen Arbeitsblatts („Wer ist Couch?", S. 12) ergibt sich ein Bild der Hauptfigur, das positive und negative Eigenschaften, Selbst- und Fremdwahrnehmung einschließt. So werden die Jugendlichen dazu befähigt, eine Personenbeschreibung von Couch zu verfassen (siehe Infokasten rechts).

Lösung
Aufgabe 1:
Couchs Mutter: „Du bist faul und bequem. Du lässt dich bedienen. Dein Zimmer sieht aus wie Schwein. Die Schule ist dir so was von egal." (S. 21)
Hausmeister: „Haben sie dich zu Hause vor die Tür gesetzt?" (S. 28)
Frau Hart: „Hier hast du gleich mal den größten Faulpelz der Klasse." (S. 29)
Mitschüler: „Wo hat Couch denn *die* her?" (Pascal, S. 34)

Aufgabe 2:
a) Mutter: Enttäuschung und Frust über Couchs Faulheit; Weigerung der Mutter, sich um alles zu kümmern; angespannte Beziehung kann zu andauerndem Streit und schlechter Stimmung führen.
b) Hamster: Der Käfig stinkt, weil Couch ihn nicht regelmäßig ausmistet; wenn Couch Fütterung und Pflege vergisst, kann der Hamster krank werden und sterben.
c) Schule: Hausmeister, Lehrerin und Mitschüler sehen in Couch vor allem einen großen Faulpelz und Langschläfer; Bequemlichkeit schadet seinem Ansehen und kann seine schulischen Leistungen beeinträchtigen.

Aufgabe 3:
Der Protagonist heißt eigentlich Matthias-Georg, ist aber bei seinen Mitschülern nur unter dem Spitznamen „Couch" bekannt. Er selbst würde gern „Matthi" genannt werden. Couch hat ein wenig Übergewicht und auf seiner Kleidung befinden sich oft Flecken. Seine hervorstechendste Eigenschaft ist Faulheit und im Konflikt mit seiner Mutter zeigt er Sturheit. Couch kann aber auch hilfsbereit, witzig und schlagfertig sein. So macht er sich im Gespräch mit einer neuen Mitschülerin durch den Spitznamen „Schrank" über sich selbst lustig. In seiner Freizeit liegt Couch am liebsten auf dem Sofa, sieht fern oder spielt auf dem Smartphone und isst Chips. Das ärgert seine Mutter, mit der Couch allein lebt. Auch der Hamster leidet unter der Faulheit seines Besitzers, denn der mistet den Käfig nur selten aus. In der Schule gilt Couch als großer Faulpelz und Langschläfer, der sich nicht besonders anstrengt.

Die Personenbeschreibung
Das Ziel einer Personenbeschreibung ist es, ein umfassendes Bild einer fiktionalen Figur oder einer realen Person zu schaffen. Folgende Kriterien helfen dabei:

- Mache möglichst detaillierte Angaben.
- Beschreibe zunächst das Äußere der Person (Alter, Größe, Gestalt, Aussehen, Kleidung und besondere Merkmale).
- Gehe dann auf das Innenleben der Person ein (Hobbys und Vorlieben, Eigenschaften, Wünsche, Ängste, Beziehungen zu anderen Personen).
- Schreibe immer im Präsens.
- Benutze ausdrucksstarke Adjektive und Verben.
- Verwende abwechslungsreiche Satzanfänge.

KV Seite 14

Auge um Auge, Brief um Brief!
Hier steht der Konflikt zwischen Couch und seiner Mutter im Mittelpunkt. Die Schüler analysieren den Brief der Mutter, indem sie die einzelnen Bestandteile in verschiedenen Farben unterstreichen. Anschließend vergegenwärtigen sie sich Couchs Reaktion, die er selbst mit dem abgewandelten Bibelzitat „Auge um Auge, Brief um Brief!“ beschreibt.

In der letzten Aufgabe sollen die Jugendlichen für Möglichkeiten der Konfliktlösung sensibilisiert werden: Sie überlegen, wie sich beide Figuren anders verhalten könnten, um eine bessere Kommunikation zu erreichen und den Streit beizulegen.

Lösung
Aufgabe 1:
eigenes Verhalten (grün): unterstrichen
Vorwürfe an Couch (blau): *kursiv*
Konsequenz (rot): gestrichelt unterstrichen

Lieber Matthias-Georg!
Ich habe an deine Vernunft appelliert, ich habe dich angefleht, ich habe dir die Leviten gelesen. All das hat null Komma nichts gebracht. *Du bist faul und bequem. Du lässt dich bedienen. Dein Zimmer sieht aus wie Schwein. Die Schule ist dir so was von egal.*
Ich möchte dir nicht länger zusehen, wie du dich um NICHTS kümmerst – noch nicht mal um deinen Hamster. Deshalb ist mit MEINEM Kümmern jetzt fürs Erste SCHLUSS.
Mama

Aufgabe 2:
Er zieht sich in sein Zimmer zurück und verweigert den Kontakt. Er schreibt einen Brief an seine Mutter.

Aufgabe 3:
Sprichwort: Auge um Auge, Zahn um Zahn!
Ursprung: Bibel
Bedeutung: Gleiches mit Gleichem vergelten – wie du mir, so ich dir.

Aufgabe 4:
z. B. „Sprich mit deiner Mutter und biete ihr deine Hilfe an, statt dich zurückzuziehen und einen Brief zu schreiben.“
„Sprich mit deinem Sohn über deine Enttäuschung und versuche eine Lösung zu finden, statt einen Brief zu schreiben.“

Wer ist Yayo?
Nachdem sich die Schüler eingehend mit Couch beschäftigt haben, rückt auf diesem Arbeitsblatt die zweite Hauptfigur in den Fokus: die neue Mitschülerin Yayo. Indem die Jugendlichen Couchs Eindruck von Yayo, Aussagen von Yayo über sich selbst und Beispiele für Yayos Interaktion mit anderen Figuren festhalten, versetzen sie sich in die Lage, eine Personenbeschreibung zu verfassen.

Lösung
Aufgabe 1:

Das Mädchen ist nicht sehr groß und hat dunkle Haare mit Pony. Das Wesen, das da steht, sieht aus wie Hinata, meine Lieblings-Anime-Figur!

Aufgabe 2:

Meine Mutter ist Japanerin. Wir haben erst in Japan gelebt. Aber vor ein paar Jahren hat mein Papa sich nach Deutschland versetzen lassen, weil er zurück in seine Heimat wollte. Und jetzt hat ihn seine Firma hierhergeschickt.

Aufgabe 3:
Yayo ruft Couch an, weil sie sein Smartphone gefunden hat, und trifft sich mit ihm, um es zurückzugeben. (2. und 3. Kapitel)
Yayo läuft Kevins Flummi hinterher, fängt ihn ein und gibt ihn ihrem Mitschüler zurück. (7. Kapitel)

Aufgabe 4:
Yayo ist eher klein. Sie hat dunkle Haare und trägt einen Pony. Ihre Mutter ist Japanerin und ihr Vater Deutscher. Vor einigen Jahren ist Yayo mit ihrer Familie von Japan nach Deutschland gezogen. Ihre Freundlichkeit und Hilfsbereitschaft zeigt Yayo, als sie Couch anruft, weil sie sein Smartphone gefunden hat, und sich mit ihm trifft, um es zurückzugeben. Von den Sticheleien ihrer Mitschüler lässt Yayo sich nicht so leicht aus der Ruhe bringen. Sie ist neugierig und interessiert. So erkundigt sie sich bei Couch hartnäckig nach seinem Spitznamen. Selbstbewusst steht Yayo für ihr eigenes Verhalten gerade, zum Beispiel als sie bekennt, dass sie für die Unterrichtsstörung verantwortlich ist und nicht Couch.

KV Seite 16

Die Welt der Mangas und Animes

Yayo erinnert Couch an seine Lieblings-Anime-Figur Hinata. Dies bietet die Gelegenheit, um das für Jugendliche spannende Thema „Mangas und Animes" im Unterricht zu behandeln. Zum Einstieg lesen die Schüler drei kurze Texte über die japanischen Comics und die Manga-Serie *Naruto*. Indem sie die Überschriften passend zuordnen, beweisen sie ihr Textverständnis.

Anschließend recherchieren die Jugendlichen in Gruppenarbeit weitere Informationen zu einem der drei Themen und präsentieren sie der Klasse in Form eines Kurzreferats. Die Fragen zu jedem Text und die angegebenen Internetadressen sind als Impulse und Hilfestellung gedacht, die Recherche darf aber gern darüber hinausgehen. Als fächerverbindende Anregung für den Kunstunterricht dient der Vorschlag „Einen Manga zeichnen" in der Rubrik „Kreativ aktiv" (S. 9).

Lösung
Aufgabe 1:
Mangas – die japanischen Comics: In Japan bezeichnet man jeden Comic als „Manga" (…)
Mangas für jedes Alter: Mangas sind in Japan bei Kindern, Jugendlichen und Erwachsenen beliebt. (…)
Die Manga-Serie *Naruto*: Couch vergleicht Yayo mit Hinata, seiner Lieblings-Anime-Figur. (…)

Aufgabe 2:
Antworten zu den Recherchefragen:
Mangas – die japanischen Comics (Text 1)
Frage 1: Die Vorläufer der heutigen Mangas entstanden im 8. Jahrhundert, als buddhistische Mönche Zeichnungen von Tieren anfertigten, die sich wie Menschen verhalten. 1814 zeichnete der Holzschnittkünstler Katsushika Hokusai eine Reihe von Skizzen und nutzte erstmals den Begriff „Manga".
Frage 2: Der berühmteste Mangaka ist der 1989 verstorbene Osamu Tezuka. Er wird auch als „Manga-Gott" bezeichnet.

Mangas für jedes Alter (Text 2)
Frage 1: Die *Shōnen*-Mangas sind von Action, Science-Fiction, Horror und Erotik geprägt, behandeln aber auch Alltagsprobleme. Die *Shōjo*-Mangas widmen sich vor allem der Romantik, der Mystery oder dem Alltag.
Frage 2: International besonders erfolgreich sind zum Beispiel die Reihen *Dragon Ball* und *Akira* für ein vorwiegend männliches Zielpublikum und die Serien *Die Rosen von Versailles*, *Candy Candy* und *Sailor Moon*, die sich hauptsächlich an eine weibliche Leserschaft richten.

Die Manga-Serie *Naruto* (Text 3)
Frage 1: Namensgeber ist die Hauptfigur, der junge Ninja Naruto Uzumaki. Geschildert werden sein Erwachsenwerden und seine Entwicklung zum obersten Ninja seines Dorfes (Hokage).
Frage 2: Hinata Hyūga ist die Stammhalterin des Hyūga-Clans. Das schüchterne Mädchen bewundert Naruto, weil er niemals aufgibt. Im Laufe der Serie werden Hinata und Naruto ein Liebespaar, heiraten und bekommen zwei Kinder.

Lauter dumme Sprüche

Wie kann man rassistischen und sexistischen Sprüchen begegnen? Dieser Frage widmet sich das vorliegende Arbeitsblatt. Die Schüler beschäftigen sich mit den provokanten Äußerungen von Kevin und Firat, beschreiben die Reaktionen von Couch und Yayo und überlegen, welchen Rat sie Yayo geben würden. Hieran kann sich ein Klassengespräch über eigene Erfahrungen mit „dummen Sprüchen" und den klugen Umgang damit anschließen.

Lösung
Aufgabe 1:
Kevin: „Japse, trägst du Strapse?!"
Firat: „Oh, hier isst jemand ein Blötchen!"

Aufgabe 2:
Gehen Sie im Klassengespräch darauf ein, dass „Japse" ein abwertender Ausdruck für „Japanerin" ist. Das Wort „Strapse" reimt sich nicht nur auf „Japse", sondern ist auch eine übergriffige erotische Anspielung. Mit dem Ausdruck „Blötchen" greift Firat das Vorurteil auf, dass Japaner kein „R" aussprechen können.

Aufgabe 3:
Yayo reagiert ruhig und gelassen auf die Äußerungen von Kevin und Firat. Sie führt Firat sogar vor, indem sie das Gegenteil seiner Aussage beweist.
Couch ärgert sich zwar über Kevins Spruch, tut aber so, als habe er ihn nicht gehört. Firats „Witz" kontert er allerdings mit einem eigenen lustigen Spruch.

Aufgabe 4:
individuelle Lösung

KV Seite 18

Faul sein ist wunderschön!
Zur Auflockerung des Unterrichts können Sie dieses Arbeitsblatt einsetzen. Die Schüler lösen das Kreuzworträtsel, indem sie Begriffe, literarische Figuren und Orte, Gegenstände und Tiere rund um das Thema „Faulsein“ erraten. Rätselprofis können sich im Anschluss ein eigenes Kreuzworträtsel oder ein Quiz ausdenken (siehe Anregung „Ein Kreuzworträtsel oder ein Quiz entwickeln“, rechts unten).

Lösung

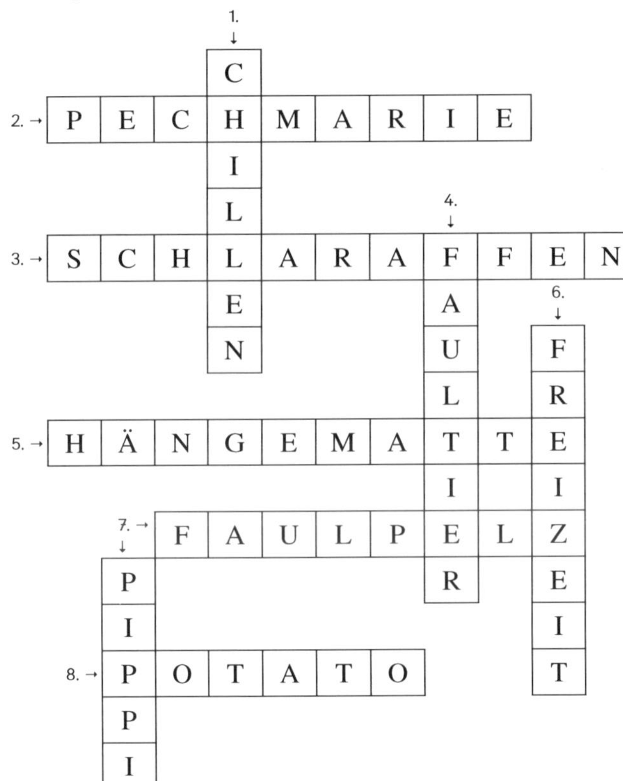

Gesprächs- und Schreibanlässe

Freizeitaktivitäten
Worauf freust du dich besonders, wenn du am Freitag nach Hause kommst? Welchen Aktivitäten gehst du in deiner Freizeit am liebsten nach? Tausche dich mit einem Partner aus.

Die Katastrophenliste
Matthias-Georg legt im 1. Kapitel eine Liste mit den heutigen Katastrophen an. Ergänze seine Aufzählung um die weiteren Unglücksfälle des Tages.

Länderreferat: Japan
Yayo kommt aus Japan. Was weißt du über das „Land der Animes“? Sammle Informationen zu Geografie, Bevölkerung, Sprache und Kultur des Landes und präsentiere sie der Klasse.

Ein Antwortbrief von Couchs Mutter
Im 5. Kapitel schreibt Couch einen Brief an seine Mutter, in dem er behauptet, dass eine Komplettreinigung des Käfigs Hamstern schaden kann. Was könnte Couchs Mutter darauf erwidern? Recherchiere Fakten zur Hamsterpflege und verfasse ihren Antwortbrief.

Kreativ aktiv

Da war doch noch so ein Name …
Couch ist es peinlich, Yayo seinen wahren Spitznamen zu verraten, und so denkt er sich kurzerhand einen anderen aus: Schrank. Er begründet diese Namensgebung damit, dass er eben ein Kerl wie ein Schrank sei. Nimm dir Couch zum Vorbild und überlege dir einen Spitznamen mit einer lustigen Erklärung für dich selbst. Wenn du magst, kannst du ihn deiner Klasse pantomimisch vorspielen.

Einen Manga zeichnen
Lerne, wie man stilechte Manga-Figuren zeichnet (z. B. mit einer Anleitung von der Internetseite *www.helles-koepfchen.de*, Stichwort: Manga-Zeichenkurs). Bald kannst du deinen eigenen Manga kreieren. Nutze dazu ein Erlebnis aus deinem Alltag (zum Beispiel die Ereignisse des vergangenen Wochenendes oder einen katastrophenreichen Schultag).

Ein Kreuzworträtsel oder ein Quiz entwickeln
Denke dir Fragen oder Umschreibungen für ein eigenes Kreuzworträtsel oder Quiz zu einem bestimmten Thema aus, z. B. „Mangas und Animes“ oder „Haustiere“.

Das Cover

1. Lies den Titel. Was bedeutet er? Stelle die Übersetzung künstlerisch dar.

2. Betrachte nun das Bild auf dem Cover. Worum könnte es gehen und wie nennt man den Zeichenstil? Notiere deine Vermutungen zu den vorgegebenen Stichpunkten.

Hauptfigur: ______________________

____

____

____

COUCH ON FIRE

Hase und Igel

Inhalt: ______________________

____

____

____

Illustration: ______________________

3. Schreibe auf der Grundlage der Aufgaben 1 und 2 einen kurzen Klappentext zu dem Buch in dein Heft.

Als „Klappentext" bezeichnet man umgangssprachlich den auf eine oder beide Klappen oder die Rückseite des Schutzumschlags gedruckten Werbetext für das Buch.

Willkommen zu Hause!

Im 1. Kapitel kommt Matthias-Georg nach Hause und ist froh, dass Freitag ist.

1. Auf welchen „wunderbaren Moment“ freut sich der Junge besonders? Suche die passende Textstelle im 1. Kapitel und schreibe sie auf.

Matthias-Georg kann die Ankunft zu Hause nicht richtig genießen, denn einige Dinge befinden sich nicht an ihrem üblichen Platz.

2. Was sucht Matthias-Georg an diesen Orten und welche Dinge findet er stattdessen? Ergänze die Tabelle.

	Matthias-Georg sucht ...	Matthias-Georg findet ...
auf der Fensterbank		
in der Hosentasche		
im Kühlschrank		

3. Welche Botschaft hat Matthias-Georgs Mutter ihrem Sohn hinterlassen? Notiere.

4. Was wisst ihr nach der Lektüre des 1. Kapitels über Matthias-Georg und die Beziehung zu seiner Mutter? Sprecht darüber.

Wer ist Couch?

1. Was weißt du bisher über die Hauptfigur? Ergänze den Steckbrief.

Namen: ______________________________

Aussehen: ______________________________

Eigenschaften: hilfsbereit, witzig, schlagfertig, ______________________________

____

Lieblingsgegenstände: ______________________________

Lieblingsbeschäftigungen: ______________________________

____

____

Familienkonstellation: ______________________________

2. Neben seiner Faulheit hat Couch auch liebenswerte Eigenschaften. Suche jeweils ein Textbeispiel zu den drei vorgegebenen Adjektiven aus dem Steckbrief und schreibe es mit Kapitel- und Seitenangabe auf.

____

____

____

____

____

____

Der größte Faulpelz der Klasse

1. Wie wirkt Couch auf andere? Sammle Aussagen von Personen aus seinem Umfeld.

Couchs Mutter

Hausmeister

Frau Hart

Mitschüler

2. Welche schon eingetretenen und welche möglichen Auswirkungen hat Couchs Faulheit auf sein Umfeld? Wähle eines der folgenden Stichworte aus und schreibe deine Ideen ins Heft.

a) Mutter
b) Hamster
c) Schule

3. Verfasse auf der Grundlage des Blattes „Wer ist Couch?“ und der ersten beiden Aufgaben auf diesem Blatt eine Personenbeschreibung des Protagonisten.

Auge um Auge, Brief um Brief!

1. Lies den Brief von Couchs Mutter (4. Kapitel). Unterstreiche: grün = Beschreibung des eigenen Verhaltens, blau = Vorwürfe an Couch, rot = Konsequenz, die Couchs Mutter daraus zieht.

Lieber Matthias-Georg!

Ich habe an deine Vernunft appelliert, ich habe dich angefleht, ich habe dir die Leviten gelesen. All das hat null Komma nichts gebracht. Du bist faul und bequem. Du lässt dich bedienen. Dein Zimmer sieht aus wie Schwein. Die Schule ist dir so was von egal.
Ich möchte dir nicht länger zusehen, wie du dich um NICHTS kümmerst – noch nicht mal um deinen Hamster. Deshalb ist mit MEINEM Kümmern jetzt fürs Erste SCHLUSS.

Mama

2. Wie verhält sich Couch, nachdem er den Brief seiner Mutter gelesen hat? Nenne zwei Reaktionen.

____

____

Couch wandelt mit „Auge um Auge, Brief um Brief!" ein bekanntes Sprichwort um.

3. Wie lautet das Sprichwort wirklich, woher stammt es und was bedeutet es? Recherchiere im Internet und schreibe auf.

Sprichwort: Auge um Auge, ______________________________!

Ursprung: ______________________________

Bedeutung: ______________________________

4. Was sollten Couch und seine Mutter deiner Meinung nach anders machen, um den Konflikt zu lösen? Wähle eine der beiden Figuren aus und notiere deinen Ratschlag.

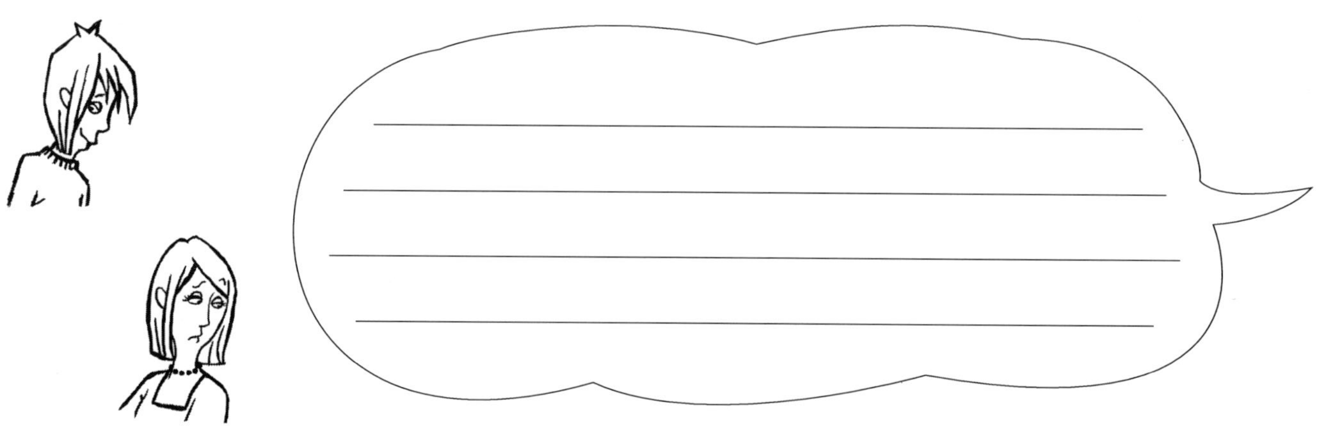

Wer ist Yayo?

1. Wie wirkt Yayo bei der ersten Begegnung auf Couch? Notiere seine Gedanken.

2. Was erzählt Yayo Couch in der Schule über sich? Ergänze die Sprechblase.

Yayo ist sehr hilfsbereit.

3. Suche ein Beispiel für diese Eigenschaft in den Kapiteln 1 bis 8 und beschreibe die Situation mit eigenen Worten.

4. Verfasse eine Personenbeschreibung von Yayo. Beziehe die Ergebnisse der ersten drei Aufgaben und weitere Informationen aus der Lektüre ein.

Die Welt der Mangas und Animes

1. Lies die Texte und ordne die Überschriften passend zu.

Mangas für jedes Alter | Die Manga-Serie *Naruto* | Mangas – die japanischen Comics

____

In Japan bezeichnet man jeden Comic als „Manga" (Japanisch für: bunt gemischte oder kunterbunte Bilder). Im Westen werden nur Comics aus Japan und solche, die sich an dem japanischen Zeichenstil orientieren, Mangas genannt. Im engeren Sinne unterscheiden sie sich von westlichen Comics durch die Leserichtung. Wie alle literarischen Texte im Japanischen werden sie von hinten nach vorne und von rechts nach links gelesen. Das auffälligste Merkmal von Manga-Figuren sind die riesigen Augen. Sie sind besonders wichtig, weil sie die Gefühle der Figuren zum Ausdruck bringen.

____

Mangas sind in Japan bei Kindern, Jugendlichen und Erwachsenen beliebt. Laut einer Statistik kauft jeder Japaner fünfzehn Stück pro Jahr. Es existiert eine Vielzahl von Genres für die verschiedenen Altersgruppen. Am weitesten verbreitet sind die Comics für Jugendliche unter achtzehn Jahren. Unterschieden wird zwischen *Shōnen*-Mangas für Jungen und *Shōjo*-Mangas für Mädchen. Mangas gibt es nicht nur als Bücher oder Hefte, sondern auch als Filme und Fernsehserien. Diese werden als „Animes" bezeichnet.

____

Couch vergleicht Yayo mit Hinata, seiner Lieblings-Anime-Figur. Hinata Hyūga ist eine weibliche Figur aus der Manga-Reihe *Naruto*. Diese stammt aus der Feder des japanischen Comiczeichners Masashi Kishimoto und erschien von 1999 bis 2014. Die Reihe, die auch als Anime-Serie umgesetzt wurde, ist sehr erfolgreich: Die Sammelbände haben sich bis September 2014 weltweit mehr als 200 Millionen Mal verkauft, davon 130 Millionen allein in Japan. Seit 2016 gibt es eine Fortsetzung – *Boruto: Naruto Next Generations*.

2. Wählt eines der drei Themen aus und recherchiert anhand der folgenden Fragen weitere Informationen im Internet. Gestaltet mithilfe von Texten und Bildern ein Plakat und präsentiert es der Klasse.

Fragen zu Text 1: Wann sind die ersten Mangas entstanden?
Wer ist der berühmteste Mangaka (Comiczeichner) in Japan?

Fragen zu Text 2: Wovon handeln *Shōnen*-Mangas und *Shōjo*-Mangas? Welche Manga- und Anime-Serien sind international besonders erfolgreich?

Fragen zu Text 3: Wovon handelt die Manga-Reihe *Naruto*?
Wer ist die Figur Hinata Hyūga und welche Rolle spielt sie in der Serie?

Hilfreiche Internetadressen:
www.planet-wissen.de
(Suchbegriff: Manga),
www.naruto.fandom.com/de

Lauter dumme Sprüche

In der Pause machen Kevin und Firat dumme Sprüche (8. Kapitel).

1. Was sagen die beiden Jungen zu Yayo? Ergänze die Sprechblasen.

2. Warum sind diese Sprüche nicht nur dumm, sondern auch rassistisch und sexistisch? Sprecht darüber.

3. Wie reagieren Yayo und Couch auf die Sprüche? Wähle eine der beiden Figuren aus und beschreibe ihr Verhalten.

____

____

____

4. Welchen Rat würdest du Yayo geben? Kreuze an und begründe.

- ☐ Schalte auf Durchzug und tue so, als ob du nichts hörst!
- ☐ Beschimpfe den Sprücheklopfer!
- ☐ Bleib ruhig und lass dich nicht provozieren!
- ☐ Antworte mit einem lustigen Spruch!
- ☐ Erzähle deiner Lehrerin von dem Vorfall!

____

____

Faul sein ist wunderschön!

Mach es dir auf deinem Stuhl bequem und löse das Kreuzworträtsel rund ums Faulsein.

1. Aus dem englischen Sprachgebrauch übernommen, wird dieses Verb anstelle von „entspannen“ oder „abhängen“ verwendet.
2. Für ihre Faulheit erhält diese Märchenfigur einen unerwarteten Lohn. Ihre Schwester ist die fleißige Goldmarie.
3. Im ...land gibt es Essen und Trinken im Überfluss. Harte Arbeit und Fleiß gelten als Sünde.
4. Dieses Tier trägt das Faulsein im Namen.
5. Im Sommer können Faulenzer in der ... schaukeln und entspannen.
6. Zeit, die du nicht in der Schule verbringen musst, sondern für Hobbys oder Erholung nutzen kannst, nennt man ...
7. (waagerecht) Dieser Begriff bezeichnete früher eine Schimmelschicht, die verfaulte Stoffe wie ein Fell bedeckt, und wird heute als Schimpfwort für faule Menschen verwendet.
7. (senkrecht) „Faul sein ist wunderschön“ ist das Motto dieser berühmten Kinderbuchfigur mit roten Zöpfen (Vorname).
8. Jemanden, der seine Zeit am liebsten auf dem Sofa verbringt, nennt man Couch-...

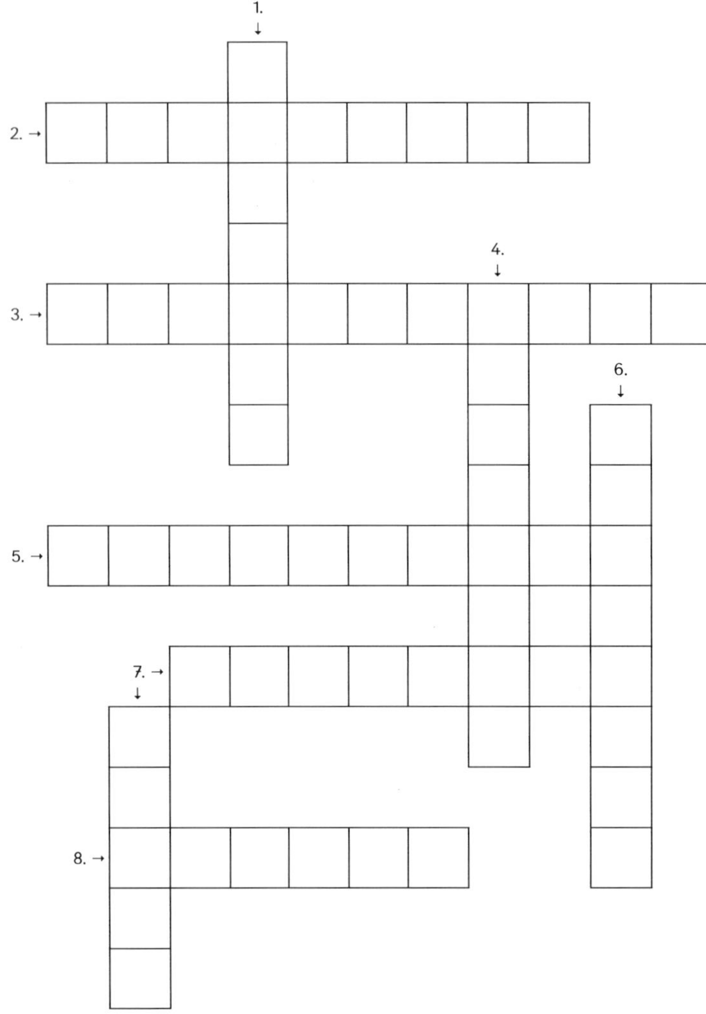

9. bis 15. Kapitel: Ein Vollhorst taucht auf

Inhalt

(9) Nach dem Abendessen kündigt Couchs Mutter an, dass sie den ganzen folgenden Tag unterwegs sein wird, weil sie zu einer Ausstellung eingeladen ist. Am nächsten Morgen verschläft Couch und kommt zu spät zum Ethikunterricht. Er platzt mitten in eine Diskussion über Vorbilder. Als der Lehrer ihn nach seinem Vorbild fragt, nennt Couch seinen Vater, der vor vielen Jahren bei einem Verkehrsunfall gestorben ist. In der Pause erkundigt sich Yayo nochmals nach dem Ursprung seines Spitznamens und Couch gibt ihr beschämt Auskunft, wobei er die Wahrheit ein wenig beschönigt. Yayo erzählt, dass sie heute neue Möbel für ihr Zimmer bekommt, und lädt Couch für einen späteren Zeitpunkt zu sich ein.

(10) Am Nachmittag grübelt Couch, ob seine Mutter mit einem Mann unterwegs ist. Später fühlt er sich krank. Seine Mutter kehrt mitten in der Nacht von ihrem Ausflug zurück und versorgt ihn. Couch verbringt den folgenden Tag im Bett. Als er zwischendurch aufwacht, erzählt ihm seine Mutter, dass Yayo da war, um ihm die Hausaufgaben vorbeizubringen und ihm gute Besserung zu wünschen.

(11) Am nächsten Tag ist Couch noch immer krank zu Hause. Wieder kommt Yayo vorbei und bietet Couch an, ihm bei den Hausaufgaben zu helfen. Die Schüler sollen eine verrückte Idee zur Energiegewinnung entwickeln. Zunächst fällt den beiden nichts ein und Yayo geht. Doch dann hat Couch einen Geistesblitz und Yayo kehrt zurück. Diesmal räumt Couch vorher sein Zimmer auf. Sie notieren gemeinsam ihre Idee: Haustiere und Menschen sollen Strom erzeugen, indem sie in Rädern laufen. Als Couchs Mutter später als gewöhnlich nach Hause kommt, verstärkt sich sein Verdacht, dass sie einen neuen Freund hat.

(12) Couchs und Yayos Idee zur Energieerzeugung stößt bei ihrem Lehrer auf Begeisterung. Am Nachmittag hat Couch einen weiteren Einfall und schreibt Yayo eine Nachricht. Doch sie lässt das ganze Wochenende nichts von sich hören. Voller Angst, Yayos Interesse verloren zu haben, geht Couch am Montagmorgen in die Schule. Dort erfährt er, dass nun sie krank ist, und freut sich, ihr später die Hausaufgaben vorbeibringen zu dürfen.

(13) Als Couch bei Yayo klingelt, schläft sie gerade. Couch erschrickt, weil er dem Mann an der Tür neulich begegnet ist und unhöflich war. Aber Yayos Vater nimmt es mit Humor. Couch erklärt ihm die Hausaufgaben und geht nach Hause. Dort tauscht er ein paar Nachrichten mit Yayo aus und setzt seine Recherche zu erneuerbaren Energien fort. Gut gelaunt schlägt Couch später seiner Mutter vor, zusammen zu kochen. Sie freut sich über seine Initiative. Am nächsten Tag einigen sich die beiden darauf, sich in Zukunft beim Tischdecken abzuwechseln.

(14) Ausgelöst durch einen kurzen Text mit der Überschrift „Couch on Fire" kommt es im Englischunterricht zu einer Auseinandersetzung zwischen Couch und Firat. Couch entschuldigt sich vor der ganzen Klasse bei Firat und den Schülern gelingt es gemeinsam, den Streit zu schlichten.

(15) Aus Angst, dass Firat ihm auf dem Heimweg auflauern könnte, macht Couch nach der Schule einen Abstecher ins Stadtzentrum. Dort entdeckt er seine Mutter, die mit einem Mann Händchen hält und zu ihm ins Auto steigt. Couch verbringt den restlichen Nachmittag schlecht gelaunt auf dem Sofa. Das Abendessen mit seiner Mutter vergeht in Schweigen. Am nächsten Morgen ist Yayo zurück in der Schule und Couch lädt sie für den Nachmittag zu sich ein.

Unterrichtsschwerpunkte

- Vorbilder und Social Media kritisch reflektieren
- mit einem Sachtext das Wissen über Energieerzeugung erweitern
- Informationen im Internet recherchieren und präsentieren
- Bilder analysieren
- das Textverständnis überprüfen
- englische und deutsche Redewendungen kennenlernen und erklären
- sich in Figuren hineinversetzen
- die Sozialkompetenz trainieren: faire Aufgabenverteilung im Haushalt, Konfliktlösung

Zu den Kopiervorlagen

KV Seite 23

Vorbilder

Idole und Vorbilder spielen eine wichtige Rolle im Leben von Jugendlichen. Sie bieten Orientierung bei der Entwicklung der eigenen Persönlichkeit, sind Projektionsfläche und regen zum Träumen an. Anknüpfend an das Gespräch von Couchs Klasse über Vorbilder (9. Kapitel) können Sie das Thema mithilfe dieses Arbeitsblatts in Ihrem Unterricht behandeln. Zunächst suchen die Schüler Informationen über Couchs Vorbild im Text, um anschließend in eine freiere und intensivere Auseinandersetzung mit dem Themenkomplex zu treten. Die Fragen in Aufgabe 3 dienen als Inspiration für ein Partnergespräch, das die

Grundlage für einen Aufsatz in der letzten Aufgabe bildet. Die Jugendlichen haben die Möglichkeit, je nach Interesse zwischen drei verschiedenen Fragestellungen zu wählen.

Lösung

Aufgabe 1:
seinen Vater

Aufgabe 2:
Couch nennt seinen Vater als Vorbild, weil der immer nett war. Er ist bei einem Verkehrsunfall gestorben, als Couch sechs Jahre alt war.

Aufgaben 3 und 4:
individuelle Lösung

Die Quellen unserer Energie
Dieses Arbeitsblatt greift das Thema von Yayos und Couchs Hausaufgabe – erneuerbare Energien – auf. Ein kurzer Sachtext bietet einen Überblick über die grundlegenden Arten der Energieerzeugung. Mit den anschließenden Aufgaben überprüfen die Schüler ihr Textverständnis und vertiefen ihr Wissen über erneuerbare Energien, indem sie sich eingehender mit einer Energiequelle (Sonne, Wasser, Wind oder Biomasse) beschäftigen.

Gut aufbereitete Informationen und verständliche Erklärungen finden sich auf der Kinderseite des Bundesamts für Naturschutz (*www.naturdetektive.bfn.de*, Stichwort: erneuerbare Energien) und bei ZDF logo *(www.zdf.de/kinder/logo/erneuerbare-energien-100.html).*

Lösung

Aufgabe 2:

fossile Energieträger	erneuerbare Energiequellen
Erdöl	Sonne
Steinkohle	Wasser
Erdgas	Wind
Braunkohle	Biomasse

Aufgabe 3:

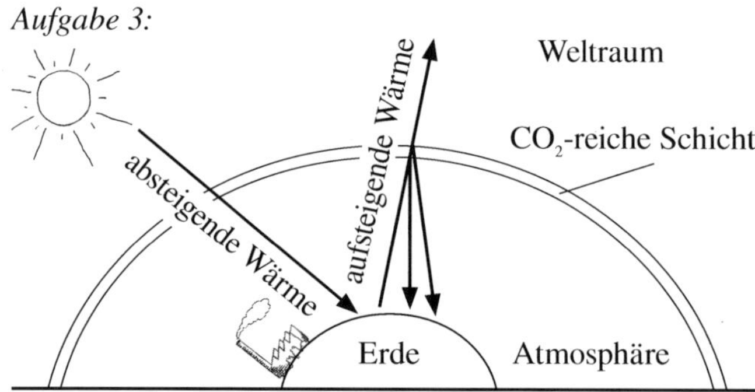

Aufgabe 4:
Die beiden oben angegebenen Internetadressen liefern ausführliche Informationen zu den Energiequellen.

Eine Idee für Couch und Yayo
Nachdem die Schüler Couchs und Yayos verrückte Idee zur Energiegewinnung rekapituliert und einen kurzen Werbetext dazu verfasst haben, suchen sie im Internet nach weiteren kreativen Methoden der Energieerzeugung. Die Überschriften leisten dabei Hilfestellung.

Lösung

Aufgabe 1:
Stromerzeugung durch Haustiere und Menschen (...)
z. B. Fitness treiben und dabei Energie erzeugen? Mit dieser Methode schlagt ihr zwei Fliegen mit einer Klappe. Nicht nur Hamster, Degus, Rennmäuse und Chinchillas, auch ihr könnt Energie erzeugen, indem ihr ein Laufrad nutzt, das eure Bewegungsenergie in Strom verwandelt. (...)

Aufgabe 2:

a) Heizen mit Mist: Der Mist von Tieren, zum Beispiel Pferdeäpfel, und Futterabfälle werden in eine Biogasanlage gefüllt. Bakterien zersetzen die Mischung. Dabei entsteht Gas, das anschließend verbrannt und zur Stromproduktion genutzt wird.
b) Tanzen für Strom: Clubbesucher können Energie beim Tanzen erzeugen, indem eine elektromechanische Tanzfläche die dabei entstehenden Schwingungen wie ein Dynamo in Elektrizität umwandelt.
c) Riesenalgen erzeugen Energie: Mechanische Riesenalgen vor der Küste Australiens sollen die Bewegungsenergie aus dem Meer nutzbar machen und die Wellenbewegungen in Elektrizität umsetzen.

Hausfrieden?
Hier bietet eine Illustration aus der Lektüre den Ausgangspunkt für eine inhaltliche Analyse: Die Schüler ordnen die Szene in den Handlungszusammenhang ein und beschreiben die Gefühle der Figuren. Das Bild zeigt einen Moment der Annäherung zwischen Couch und seiner Mutter. Am nächsten Morgen treffen die beiden die Abmachung, dass sie sich in Zukunft mit dem Tischdecken abwechseln.

Sicher ist vielen Jugendlichen der Streitpunkt „Hausarbeit" aus der eigenen Familie vertraut. Sie vergegenwärtigen sich die Verteilung der Aufgaben in ihrem Haushalt und überlegen, ob diese fairer gestaltet werden könnte. Vertiefen Sie das Thema mit der Anregung „Familienstreitigkeiten" in der Rubrik „Gesprächs- und Schreibanlässe" (S. 22).

Lösung

Aufgabe 1:

a) Auf dem Bild sind Couch und seine Mutter zu sehen, die ihm einen Kuss gibt.

b) Um die Stimmung zu verbessern, hat Couch seine Mutter vorher gefragt, ob sie zusammen kochen wollen.

c) Couch empfindet Ekel, weil der Kuss seiner Mutter versehentlich auf seinen Lippen gelandet ist.

d) Couchs Mutter drückt mit dem Kuss ihre Freude über den Vorschlag ihres Sohnes aus.

Aufgaben 2 und 3:
individuelle Lösung

Couch on Fire

Dieses Arbeitsblatt widmet sich dem englischen Text, aus dessen Überschrift sich der Buchtitel ableitet, und der doppelten Bedeutung dieses Titels. Zunächst bestimmen die Schüler die Textsorte und beweisen, dass sie den Inhalt verstanden haben, indem sie ihn in maximal zwei Sätzen zusammenfassen. Die dritte Aufgabe lenkt die Aufmerksamkeit auf den Witz, der sich aus der Doppeldeutigkeit der Überschrift „Couch on Fire“ ergibt. Die beiden Übersetzungsmöglichkeiten des Ausdrucks „to be on fire“ machen sich die Jugendlichen durch den anschließenden Lückentext bewusst.

Um die Unterrichtsstunde abzurunden, bieten sich die Vorschläge „Eine Meldung schreiben“ und „Feurige Redewendungen“ in der Rubrik „Gesprächs- und Schreibanlässe“ (S. 22) zur Bearbeitung an.

Lösung

Aufgabe 1:
eine journalistische Nachricht / Meldung

Aufgabe 2:
In London haben letzten Freitag zwei junge Männer, Ben Miller und Charlie Dogger, eine brennende Couch im Haus von Millers Großvater entdeckt und versucht, sie zu löschen. Ben Miller erlitt dabei schwere Verbrennungen und wurde ins Krankenhaus gebracht, während Charlie Dogger sich nur leicht verletzte.

Aufgabe 3:
Sie finden die Überschrift witzig, weil sie diese auf ihren Mitschüler Couch beziehen.

Aufgabe 4:
Im Englischen hat der Ausdruck „to be on fire“ zwei Bedeutungen. Die wörtliche Übersetzung, die auch in dem Text gemeint ist, lautet brennen. Im übertragenen Sinne kann der Ausdruck mit der deutschen Redewendung Feuer und Flamme sein wiedergegeben werden. Sie wird benutzt, wenn jemand von etwas hellauf begeistert oder verliebt ist.

Peace?!

Konflikte zwischen Mitschülern, wie der zwischen Couch und Firat, treten in jedem Klassenzimmer auf. Mit den Aufgaben dieses Arbeitsblatts versetzen sich die Jugendlichen an die Stelle von Couch und Firat und führen sich die Bedeutung von sozialer Kompetenz vor Augen. So fällt es ihnen vielleicht das nächste Mal leichter, eine Auseinandersetzung im eigenen Umfeld zu schlichten.

Im Anschluss an die Bearbeitung des Blattes können die Schüler den Schlagabtausch zwischen Couch und Firat als Rollenspiel umsetzen (siehe Anregung „Rollenspiel: Couch on Fire vs. Fiat Panda“ in der Rubrik „Kreativ aktiv“, S. 22).

Lösung

Aufgabe 1:

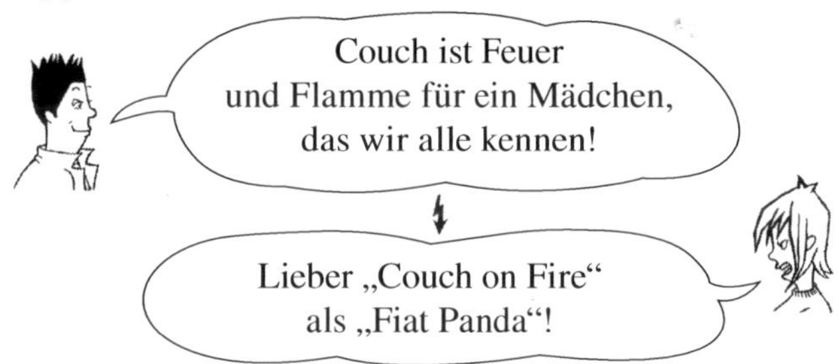

Aufgabe 2:
z. B. Couch: Wie kann mich Firat vor der ganzen Klasse bloßstellen? Meine Gefühle für Yayo gehen niemanden etwas an.
Firat: Warum kramt Couch diesen alten Witz wieder aus? Es war total verletzend, dass sich alle ständig über meine Körpergröße lustig gemacht haben.

Aufgabe 3:
Couchs Klasse führt eine Diskussion.

Schockmoment

Im 15. Kapitel sieht Couch schließlich mit eigenen Augen, was bisher reine Vermutung war: Seine Mutter hat einen neuen Freund. Auf diesem Blatt rekapitulieren die Schüler die Ereignisse, die dieser bitteren Erkenntnis vorausgehen, indem sie die Verdachtsmomente in die richtige Reihenfolge bringen. Anschließend sind sie aufgefordert, sich in Couch und seine Mutter hineinzufühlen und Gedanken zu formulieren, die den beiden während des gemeinsamen Kochens und beim Essen durch den Kopf gehen könnten.

Lösung
Aufgabe 1:
Seine Beobachtung im Stadtzentrum liefert Couch den entscheidenden Beweis.

Aufgabe 2:
z. B.

Das Treffen in der Stadt heute Nachmittag war so schön. Was für ein Glück, dass ich ihn kennengelernt habe! Ich mache mir nur Sorgen darum, wie Couch die Neuigkeiten aufnehmen wird.

Ich habe Angst, dass sich dieser Vollhorst in unser Leben einmischt. Und ich bin sauer auf meine Mutter, weil sie mir nichts von ihm erzählt hat. Aber sie scheint glücklich zu sein.

Gesprächs- und Schreibanlässe

Familienstreitigkeiten
In der Beziehung zwischen Couch und seiner Mutter sorgt vor allem Couchs Faulheit für Reibereien. Worüber regst du dich in deiner Familie auf? Welche typischen Auseinandersetzungen gibt es? Wie könntest du zu einem friedlicheren Miteinander beitragen? Tauscht euch darüber aus.

Eine Meldung schreiben
Verfasse eine kurze Meldung über ein Ereignis, das dir aus den Nachrichten in Erinnerung geblieben ist, oder über ein Erlebnis aus deinem Alltag. Du kannst dich dabei an dem Text „Couch on Fire“ und an folgenden Fragen orientieren:

- Wer war an dem Ereignis beteiligt?
- Was ist passiert?
- Wann ist es passiert?
- Wo ist es passiert?
- Wie war der Verlauf?
- Warum ist es passiert?
- Welche Folgen hatte das Ereignis?

Feurige Redewendungen
Auf dem Arbeitsblatt „Couch on Fire“ (S. 27) geht es um die englische Redewendung „to be on fire“. Welche deutschen Redewendungen rund ums Feuer kennst du? Schreibe eine davon auf und erkläre sie deinem Partner in einem Satz. (Beispiel: „für jemanden die Hand ins Feuer legen“ – Wenn man für jemanden die Hand ins Feuer legt, ist man von seiner Unschuld überzeugt.)

Kreativ aktiv

Pantomime: Wer ist hier der Vollhorst?
Im 12. Kapitel provoziert Couch einen Mann auf der Straße, weil der so aussieht, wie er sich den neuen Freund seiner Mutter vorstellt. Im folgenden Kapitel begegnet er dem Mann unerwartet an Yayos Haustür wieder: Es ist ihr Vater. Schlüpfe in die Rolle einer der Personen und spiele die beiden Szenen pantomimisch mit einem Partner nach.

Rollenspiel: Couch on Fire vs. Fiat Panda
Auf dem Arbeitsblatt „Peace?!“ (S. 28) habt ihr euch bereits in Couch oder Firat hineinversetzt. Spielt nun den Ausgangskonflikt zu zweit nach und entwickelt die Auseinandersetzung weiter.

Vorbilder

Im Ethikunterricht spricht Couchs Klasse über Vorbilder (9. Kapitel).

1. Wen nennt Couch als sein Vorbild? Kreuze die richtige Antwort an.

- ☐ Iron Man
- ☐ seinen Vater
- ☐ Siebenschläfer
- ☐ niemanden

2. Was erfährst du über Couchs Vorbild? Lies im Text nach und schreibe auf.

____

____

____

____

____

3. Sprich mit deinem Partner über folgende Fragen und notiere eure Ideen in deinem Heft.

Wer kann alles ein Vorbild sein?
Wie sollte ein Vorbild sein?
Wer ist dein Vorbild? Warum?

Für wen oder
in welchen Situationen bist du
ein Vorbild?
Wie fühlt es sich an, ein Vorbild
zu sein?

Können Influencer,
Youtuber oder Social-Media-Stars
Vorbilder sein?
Warum können solche Vorbilder
problematisch sein?
Was sind „falsche" Vorbilder?

4. Wähle eine der folgenden Überschriften aus und verfasse einen kurzen Aufsatz dazu. Du kannst auch auf die Ergebnisse aus Aufgabe 3 zurückgreifen.

a) Mein Vorbild
b) Ich als Vorbild
c) Vorbilder und Social Media

Die Quellen unserer Energie

1. Lies den Bericht.

Um Licht und Wärme zu erzeugen und uns fortzubewegen, brauchen wir Strom und Treibstoffe. Diese Energien können aus verschiedenen Quellen gewonnen werden. Grundsätzlich unterscheidet man zwischen fossiler Energie und erneuerbarer Energie. Fossile Energieträger sind Stoffe, die vor Millionen von Jahren in der Erde entstanden sind und irgendwann verbraucht sein werden. Beim Verbrennen dieser Stoffe entsteht Kohlendioxid (CO_2). Dieses sogenannte Treibhausgas ist mit für den Klimawandel verantwortlich: Es steigt auf und bleibt in der Atmosphäre hängen. Das hat zur Folge, dass weniger Sonnenwärme in den Weltraum entweichen kann und die Temperaturen auf der Erde steigen.

Im Gegensatz zu fossilen sind erneuerbare Energien unbegrenzt, denn ihre Quellen sind in der Natur immer vorhanden. Außerdem produzieren sie kein klimaschädliches CO_2. Daher sollen erneuerbare Energien in Zukunft stärker genutzt werden, auch wenn sie andere Nachteile, zum Beispiel die Gefährdung von Tieren, mit sich bringen können.

2. Fossil oder erneuerbar? Trage die Begriffe passend in die Tabelle ein.

Sonne | Erdöl | Steinkohle | Wasser | Wind | Erdgas | Braunkohle | Biomasse

fossile Energieträger	erneuerbare Energiequellen

3. Was hat fossile Energie mit dem Klimawandel zu tun? Stelle den Zusammenhang anhand einer einfachen schematischen Zeichnung dar.

4. Wähle eine der erneuerbaren Energiequellen aus der Tabelle und recherchiere im Internet.

a) Wie wird aus dieser Quelle Energie erzeugt?
b) Welche Vorteile hat diese Art der Energieerzeugung? Welche Schwierigkeiten treten auf?

Eine Idee für Couch und Yayo

1. Welche verrückte Idee haben Couch und Yayo zur Energieerzeugung? Ergänze die Überschrift und einen kurzen Werbetext für die Erfindung der beiden.

____

Eine verrückte Idee von Couch und Yayo

____

____

____

____

____

____

Jogger aller Länder, lauft nicht länger auf Laufbändern! Lauft in Rädern und tretet für unsere Energie!

Es gibt noch mehr verrückte Ideen, um Energie zu erzeugen.

2. Wählt eine der Überschriften aus und recherchiert dazu im Internet. Macht euch Notizen und präsentiert die Idee eurer Klasse.

a) Heizen mit Mist
b) Tanzen für Strom
c) Riesenalgen erzeugen Energie

____

____

____

____

____

____

____

VORWÄRTS!!!

Hausfrieden?

1. Betrachte das Bild und beantworte dann die folgenden Fragen.

a) Was ist auf dem Bild zu sehen?

b) Wie kommt es zu dieser Situation? Ordne die Szene in den Handlungszusammenhang ein.

c) Was empfindet Couch in diesem Moment?

d) Wie fühlt sich Couchs Mutter?

Am nächsten Morgen einigen sich Couch und seine Mutter, dass sie in Zukunft abwechselnd den Tisch decken.

2. Wer übernimmt welche Aufgaben bei euch zu Hause? Schreibe deinen Anfangsbuchstaben oder den einer anderen Person aus deinem Haushalt jeweils in das Kästchen davor.

- [ ] kochen
- [ ] Tisch decken
- [ ] Geschirr spülen / Spülmaschine ein- und ausräumen
- [ ] Bett machen
- [ ] Zimmer aufräumen
- [ ] Müll rausbringen
- [ ] staubsaugen
- [ ] putzen
- [ ] Wäsche waschen
- [ ] Blumen gießen

3. Findest du die Verteilung der Aufgaben in eurem Haushalt fair? Begründe deine Antwort und mache eventuell Vorschläge für eine bessere Verteilung der Aufgaben.

Couch on Fire

1. Lies den englischen Text (14. Kapitel). Um welche Textsorte könnte es sich handeln?

____

2. Fasse den Inhalt in ein bis zwei deutschen Sätzen zusammen.

____

____

____

____

____

____

„Die Hart näselt sich noch durch die Überschrift, da brüllt die ganze Klasse schon wie von Sinnen." (Seite 81)

3. Warum lachen Couchs Mitschüler? Kreuze die richtige Antwort an.

☐ Die Schüler sind schadenfroh.

☐ Sie finden die Überschrift witzig, weil sie diese auf ihren Mitschüler Couch beziehen.

☐ Die Jugendlichen amüsieren sich über die Sprechweise der Lehrerin.

4. Lies den Text und ergänze die Lücken passend.

Feuer und Flamme sein | brennen | verliebt

Im Englischen hat der Ausdruck „to be on fire" zwei Bedeutungen. Die wörtliche Übersetzung, die auch in dem Text gemeint ist, lautet ______________. Im übertragenen Sinne kann der Ausdruck mit der deutschen Redewendung ______________________ wiedergegeben werden. Sie wird benutzt, wenn jemand von etwas hellauf begeistert oder ______________ ist.

Peace?!

1. Was werfen sich Couch und Firat gegenseitig an den Kopf? Ergänze die Sprechblasen.

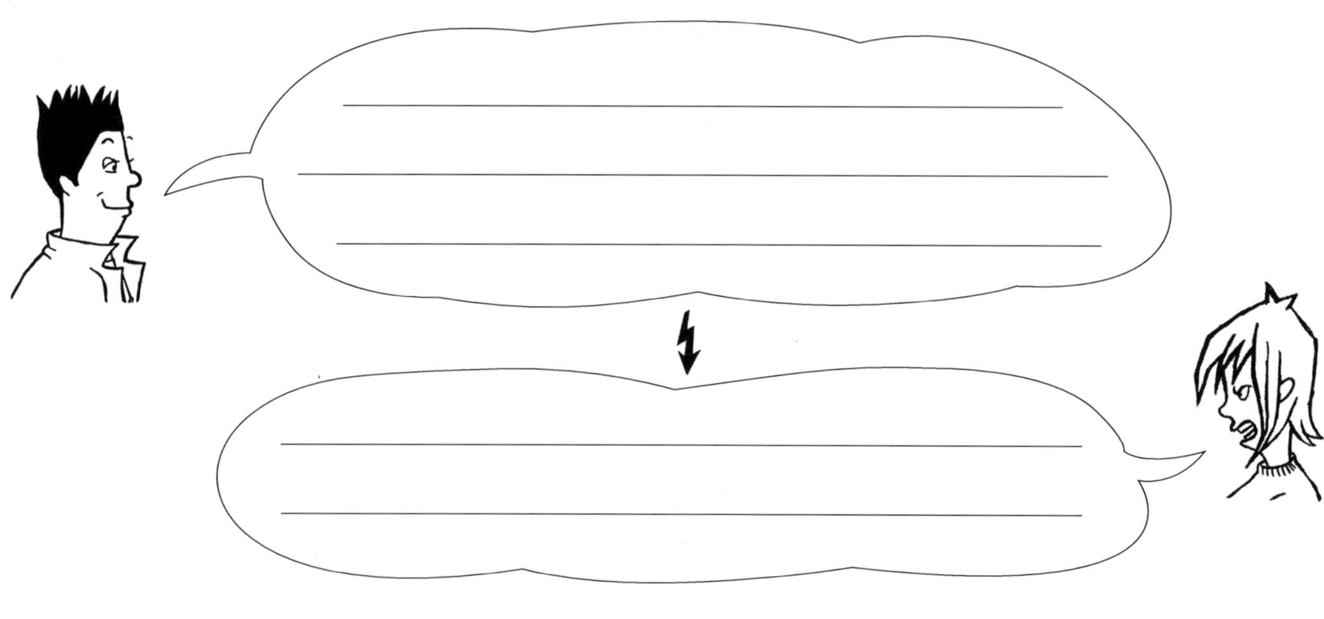

2. Wie empfinden Couch und Firat die Äußerungen? Wähle eine der beiden Figuren aus und schreibe ihre Gedanken in die Blase.

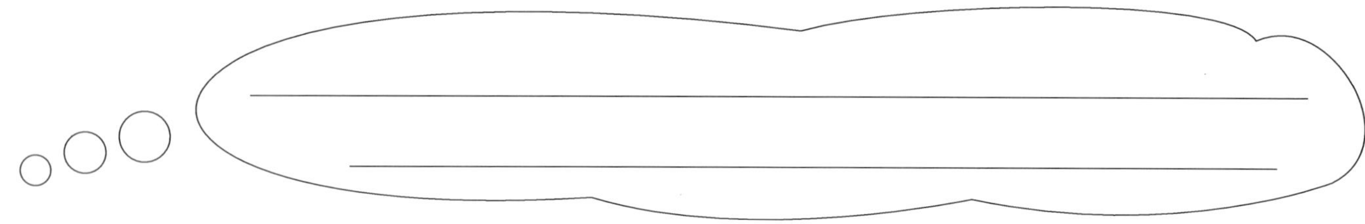

3. Kreuze passende Satzenden an. Trage die Silben hinter den angekreuzten Satzenden dann unten ein.

Couch und seine Mitschüler beweisen ihre hohe soziale Kompetenz, indem sie ...

- ☐ den Unterricht durch coole Sprüche auflockern. **(Be)**
- ☐ den anderen zuhören. **(Dis)**
- ☐ die Mitschüler zum Lachen bringen. **(lei)**
- ☐ Konflikte ignorieren. **(di)**
- ☐ sich für unfaires Verhalten entschuldigen. **(kus)**
- ☐ die eigene Meinung um jeden Preis durchsetzen. **(gung)**
- ☐ über Konflikte offen miteinander sprechen. **(si)**
- ☐ Verständnis für andere zeigen. **(on)**

Couchs Klasse führt eine ______________________.

Schockmoment

Im 15. Kapitel kommt Couch einem Geheimnis seiner Mutter auf die Spur.

1. Welche Situationen führen zu Couchs Erkenntnis? Bringe die Textstellen in die richtige Reihenfolge, indem du sie nummerierst. Trage die Buchstaben hinter den Sätzen unten ein.

☐ Ich greife nach dem Handy und sehe, dass es schon fast Abend ist. Wenn meine Mutter nicht „wo" mitgefahren wäre, könnte ich sie jetzt um einen Tee bitten. **(e)**

☐ Eines ist sicher: Meine Mutter hat einen Typ. Ein Gefühl von Bedrohung packt mich. Alles wird anders werden. Ein fremder Mann wird sich in unser Leben einmischen. **(s)**

☐ „Für morgen hab ich eine Einladung bekommen", sagt meine Mutter und sieht ein winziges bisschen schuldbewusst aus. „Ich kann wo mitfahren, in eine tolle Ausstellung." **(B)**

☐ Das da vorne ist eindeutig meine Mutter – und sie ist eindeutig nicht allein. Neben ihr läuft ein Mann. Er hält erst ihre Hand und ihr dann die Autotür auf. **(i)**

☐ „Weißt du", schreit meine Mutter, während sie an der Garderobe herumklappert, „es ist so viel Arbeit liegen geblieben in den letzten Tagen. Ich musste Überstunden machen." **(e)**

☐ „Wie spät ist es eigentlich?", krächze ich kraftlos. – „Halb drei", sagt meine Mutter leise und schaut dabei wie ein Kind, dem man gleich den Marsch bläst. **(w)**

Seine Beobachtung im Stadtzentrum liefert Couch den entscheidenden ________________.

Couch und seine Mutter kochen schweigend Spaghetti mit Tomatensoße.

2. Was geht Couch und seiner Mutter beim gemeinsamen Kochen und beim Essen durch den Kopf? Notiere ihre Gedanken.

____

____

____

____

____

____

16. bis 20. Kapitel: Couch startet durch

Inhalt

(16) Bei ihrem Treffen am Nachmittag berichtet Couch Yayo von seiner neuesten Idee zur Energieerzeugung. Sie wiederum zeigt ihm die Website einer Jugendorganisation, die sich für Klimaschutz engagiert. Yayo scheint damit indirekt anzuregen, sich gemeinsam an den Aktionen einer Ortsgruppe zu beteiligen. Couch fühlt sich in der Zwickmühle, denn er möchte seinen bisherigen Lebensstil nicht aufgeben. Er ist erleichtert, als Yayo vorschlägt, sie könnten sich das doch einmal zusammen ansehen.

(17) Couch beobachtet einen Mann in seiner Straße, der mit einem Schlauch ein Dixi-Klo leert. Der Junge fürchtet, dass er dasselbe Schicksal erleiden muss, wenn er seine Faulheit nicht ablegt. Er beschließt, heute das Abendessen zu kochen, wird in der Küche aber von seiner Mutter überrascht. Sie hat eine neue Frisur und trägt Lippenstift. Couch versucht, sein Entsetzen zu verbergen, und die beiden kochen gemeinsam. Beim Essen erzählt er von seinem Vorsatz abzunehmen. Seine Mutter gibt ihm ein Gymnastikband und Couch beginnt direkt nach dem Abendessen mit dem Training.

(18) Am nächsten Morgen erfüllt Couch einen weiteren seiner neuen Vorsätze und erledigt noch vor dem Frühstück seine Hausaufgaben. In der Schule sorgt Yayo mit ihrer alten Kamera für Aufsehen und weckt das Interesse ihres Mitschülers Marcus. Erneut regt sich in Couch die Eifersucht. Doch wenig später sieht er seine große Chance gekommen: Nachdem die Kamerahülle in der Pause beschädigt wurde, schlägt er Yayo vor, sich auf einem Foto-Flohmarkt nach einer neuen umzusehen. Yayo bittet ihn, sie dorthin zu begleiten, und Couchs gute Laune ist wiederhergestellt.

(19) Couch hält sich beim Mittagessen mit seiner Oma zurück und trainiert nachmittags ein weiteres Mal mit dem Gymnastikband. Danach gibt er sich seinen Tagträumen von Yayo hin. Nicht nur seine Mutter scheint zu ahnen, was mit Couch los ist, auch sein Kumpel Rimon verlinkt ihn auf einer Liste mit „Tipps für verliebte Jungs“. Zuerst ist Couch verärgert, doch dann beschließt er, einen Tipp umzusetzen und sich „über ernstere Themen, die sie interessieren“ zu informieren. Er recherchiert im Internet zum Stichwort „Klimawandel“ und stößt auf ein paar Klimaschutzaktionen, die seine Aufmerksamkeit wecken.

(20) Am nächsten Tag gehen Couch und Yayo ein Stück des Heimwegs zusammen und Couch lüftet das Geheimnis um seine „Teddy-Oma“. Als er seiner Mutter von dem bevorstehenden Ausflug zum Foto-Flohmarkt erzählt, ist sie positiv überrascht. Vor Aufregung kann Couch am Abend nicht einschlafen. Der Besuch auf dem Flohmarkt ist erfolgreich: Yayo findet eine passende Lederhülle für ihre Kamera und bringt ihre Freude darüber zum Ausdruck, dass Couch sie begleitet hat.

Unterrichtsschwerpunkte

- sich in die Hauptfigur hineinversetzen
- sich über gesellschaftliches Engagement informieren
- die Entwicklung der Hauptfigur analysieren
- mit einem Sachtext das technische Wissen erweitern
- Vor- und Nachteile abwägen und eine Erörterung verfassen
- Vorurteile kritisch reflektieren
- Klimaschutzaktionen entwickeln

Zu den Kopiervorlagen

Couch in der Falle

Im 16. Kapitel bringt Yayo Couch in ein Dilemma: Ihr Vorschlag, sich gemeinsam in einer Umweltgruppe zu engagieren, bedroht Couchs Selbstbild und seine Lebensphilosophie, immer den Weg des geringsten Widerstands zu wählen. Mit diesem Arbeitsblatt führen sich die Schüler den inneren Konflikt des Protagonisten vor Augen, grafisch durch das zerrissene Herz verdeutlicht, und geben ihr Urteil für eine Seite ab: Soll Couch seinen bisherigen Lebensstil für das Mädchen seiner Träume opfern oder seiner Bequemlichkeit treu bleiben?

Lösung

Aufgabe 1:

a) Auf der Website geht es um das Engagement von Jugendlichen gegen den Klimawandel.

b) Yayo möchte sich gern zusammen mit Couch einer Umweltgruppe vor Ort anschließen.

c) Couch fühlt sich schlecht, denn er hat keine Lust, sich zu engagieren, möchte aber auch Yayo nicht enttäuschen.

Aufgabe 2:

Entscheidung: gegen ein Engagement in der Umweltgruppe	Entscheidung: für ein Engagement in der Umweltgruppe
Folge: Yayo ist enttäuscht und verliert das Interesse an Couch.	Folge: Couch muss seine Bequemlichkeit und Faulheit aufgeben.

Aufgabe 3:
individuelle Lösung

Yayo engagiert sich

Wie Yayo interessieren sich viele Jugendliche für gesellschaftliches Engagement, sei es in sozialen oder kulturellen Einrichtungen, Sportvereinen, Umweltorganisationen oder in der Politik. Die Schüler vergegenwärtigen sich mithilfe eines Schaubilds die vielfältigen Möglichkeiten des ehrenamtlichen Einsatzes und informieren sich näher über die Aktivitäten und Angebote vor Ort und die Arbeit einzelner Organisationen. Die Jugendlichen können auch von ihrem eigenen Engagement berichten (siehe Anregung „Mein Ehrenamt" in der Rubrik „Gesprächs- und Schreibanlässe", S. 33).

Lösung
Aufgabe 1:

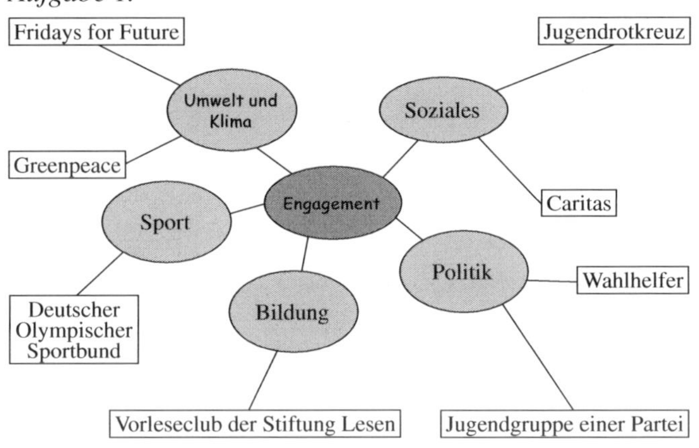

Aufgaben 2 und 3:
individuelle Lösung

Ich muss etwas ändern!

Im Laufe der Lektüre setzt sich in Couch ein Veränderungsprozess in Gang, ausgelöst vor allem durch die Freundschaft mit Yayo: Couch stellt seinen bisherigen Lebensstil zunehmend infrage und beginnt, sich Gedanken über seine Zukunft zu machen. Das vorliegende Arbeitsblatt widmet sich diesem Wunsch nach Veränderung, der auf immer mehr Lebensbereiche übergreift.

Ihre Schüler befinden sich in einem ähnlichen Prozess, sie legen Vorlieben und Verhaltensmuster aus der Kindheit ab und entwickeln neue Vorstellungen, wer sie sein und wie sie leben möchten. In der dritten Aufgabe erhalten sie die Möglichkeit, über die eigenen Wünsche nach Veränderung zu reflektieren. Den Lebensbereich „Ernährung" nimmt die Anregung „Ein Plakat gestalten: Gesunde Ernährung" in der Rubrik „Kreativ aktiv" (S. 33) genauer in den Blick.

Lösung
Aufgabe 1:
Couch beobachtet einen Mann, der mit einem Schlauch ein Dixi-Klo leert. Couch stellt sich vor, wie er später selbst diesen Job erledigen muss, weil er keine bessere Arbeit gefunden hat. Er fürchtet, dann bei Yayo keine Chance mehr zu haben.

Aufgabe 2:
Haushalt: Ich werde meine Mutter mit einem Abendessen überraschen. (17. Kapitel, S. 98)
Ernährung: Ich widerstehe der Versuchung, eine Tafel Schokolade hinterherzuschieben. (16. Kapitel, S. 93)
Fitness: „Danke", sage ich. „Das werde ich mal probieren." Weil ich ganz bestimmt keine Zuschauer brauche, verziehe ich mich in mein Zimmer. (17. Kapitel, S. 100)
Schule: Ich stemme mich aus dem Bett, versorge Hams mit Futter, hole den Rucksack und … ja, ich arbeite. Eigentlich sind beide Hausaufgaben gar nicht so schwer. (18. Kapitel, S. 102)

Aufgabe 3:
individuelle Lösung

Das schwarze Monstrum

Yayo engagiert sich nicht nur für den Klimaschutz und singt im Chor, sie begeistert sich auch für Fotografie. Mit einem Lückentext erschließen sich die Schüler die grundlegende Funktionsweise einer analogen Kamera. Die meisten von ihnen nutzen wohl ein Smartphone zum Fotografieren. In der zweiten Aufgabe wägen die Jugendlichen die Vor- und Nachteile beider Geräte ab.

Dies dient als Vorbereitung für eine Erörterung (siehe Infokasten, S. 32). Viele Schüler favorisieren sicherlich das Smartphone, dennoch können mithilfe des Arbeitsblatts auch die Vorzüge der älteren Technik vermittelt werden, wie ein bewussteres Fotografieren und eine gute Qualität und größere Originalität der Bilder.

Lösung
Aufgabe 1:
Die Sonne oder eine Lampe strahlt Licht aus, das auf einen Gegenstand fällt. Der Gegenstand reflektiert das Licht. Das Objektiv der Kamera fängt die Lichtstrahlen ein. Im Objektiv befindet sich eine kleine Öffnung, die Blende. Drückt man auf den Auslöser, öffnet sie sich für einen kurzen Moment. In der Kamera liegt ein Plastikstreifen, der Film. Er hat eine lichtempfindliche Schicht. Wenn das Licht durch die Blende auf den Film fällt, verändert sich diese Schicht. So wird das Bild auf dem Film festgehalten.

Aufgabe 2:

	analoge Kamera	Smartphone
Vorteile	gute Qualität, sorgfältige Auswahl der Bildmotive und bewusste Komposition, hoher künstlerischer Anspruch und große Originalität, hoher ideeller Wert	leichtes Gerät, keine Zusatzausrüstung nötig, einfache Handhabung, spontane Schnappschüsse, unbegrenzte Anzahl von Bildern, Möglichkeit der nachträglichen Bearbeitung
Nachteile	sperrig, technische Kenntnisse erforderlich, begrenzte Anzahl von Bildern, aufwendigere Entwicklung der Bilder	teilweise schlechte Qualität, Beliebigkeit bei der Motivwahl, geringere Einzigartigkeit und Originalität, geringerer ideeller Wert

Aufgabe 3:
individuelle Lösung

Die Erörterung
Diese Textsorte setzt sich argumentativ mit einem Sachverhalt auseinander. Der Leser soll die Fragestellung nachvollziehen können und am Schluss zu einem begründeten Urteil darüber gelangen. Die folgenden Arbeitsschritte erleichtern das Verfassen einer Erörterung.

- Stoffsammlung: Zusammentragen verschiedener Aspekte und Bestandteile der Fragestellung (Beispiele, Belege, Fakten, Zahlen, Zitate, Beobachtungen)
- Planung des Aufbaus: In der Einleitung weckt der Verfasser das Interesse des Lesers durch aktuelle Bezüge und persönliche Erfahrungen. Im Hauptteil werden die Pro- und Kontra-Argumente in einer zuvor festgelegten Reihenfolge genannt (wichtige Argumente zuletzt) und die eigene These zur Fragestellung formuliert. Im Schlussteil äußert der Verfasser seine abschließende Meinung und gibt einen Ausblick.

KV Seite 38

Eine echte Japanerin?
Vorurteile geben uns Halt und Orientierung in einer unübersichtlichen Welt, sind aber auch gefährlich, weil sie ganze Personengruppen pauschal abwerten und Hass gegen sie schüren können. Die Aussage eines Mitschülers von Couch und Yayo dient hier als Anknüpfungspunkt, um sich mit Vorurteilen auseinanderzusetzen. Die Jugendlichen nennen Beispiele aus der Lektüre und hinterfragen deren Wahrheitsgehalt. Mit einem Partner tauschen sie sich anschließend über eigene verallgemeinernde Annahmen aus und diskutieren diese.

Lösung
Aufgabe 1:
ein Vorurteil

Aufgabe 2:
Japaner können kein „R" aussprechen. (8. Kapitel, S. 43)
Ein „Vollhorst" ist sportlich, korrekt und Respekt einflößend. (12. Kapitel, S. 69)
Türken essen viel Knoblauch. (20. Kapitel, S. 118)

Aufgabe 3:
Nein, die beiden Aussagen sind nicht wahr. Es sind Behauptungen, die als allgemeine Wahrheiten dargestellt werden. Doch man kann keine allgemeingültigen Aussagen über eine ganze Personengruppe treffen, weil jeder Mensch anders ist.

Aufgabe 4:
individuelle Lösung

KV Seite 39

Klimaschutz mit Spaß
Um Yayo für sich zu gewinnen, befolgt Couch einen der „Tipps für verliebte Jungs" und informiert sich über ein ernstes Thema, das Yayo interessiert: den Klimawandel. Mit diesem Arbeitsblatt machen sich die Schüler bewusst, dass sich Engagement für den Klimaschutz und Vergnügen nicht ausschließen müssen. Sie beschreiben die Aktionen, die in der Lektüre genannt werden, und denken sich in Gruppenarbeit eine eigene „Klimaschutzaktion mit Spaß" aus. Wie wäre es zum Beispiel mit einer Fahrradtour, durch die für umweltfreundliche Mobilität geworben wird, oder mit einem gesponserten Lauf, dessen Einnahmen in ein Klimaschutzprojekt fließen? Vorstellbar sind auch eine Schnitzeljagd mit Fragen rund um das Klima, ein Flohmarkt, durch den auf die Bedeutung von nachhaltigem Konsum aufmerksam gemacht wird, oder ein Kunstprojekt, für das Plastikabfälle wiederverwertet werden. Bestimmt haben Ihre Schüler viele weitere gute Ideen! Besprechen Sie die Aktionen gemeinsam und wählen Sie eine aus, die Sie als Klassenprojekt umsetzen.

Inspiration für eine eigene „Carrotmob"-Aktion bietet das bundesweite Programm „Carrotmob macht Schule", das von Green City e. V. und BildungsCent e. V. initiiert wurde. Weitere Informationen finden Sie auf der Website *www.carrotmob-macht-schule.de.*

Lösung

Aufgabe 1:

Kleidertauschparty: Bei diesem Event können Jugendliche gut erhaltene Kleidungsstücke, die sie nicht mehr tragen, gegen andere eintauschen.

Carrotmob: Bei einem Carrotmob treffen sich viele Menschen in einem ausgesuchten Geschäft und kaufen dort in einem festgelegten Zeitraum ein. Einen Großteil der Einnahmen investiert der Inhaber dann in eine klimagerechte Sanierung seines Ladens.

Aufgabe 2:

siehe Hinweise zur Kopiervorlage

Gesprächs- und Schreibanlässe

Mein Ehrenamt

Engagierst du dich ehrenamtlich? Erzähle deinen Mitschülern von deiner Tätigkeit und von den Gründen, warum du dich dafür entschieden hast.

Ein einmaliges Hobby

Yayo begeistert sich für analoge Fotografie. Hast du auch ein spezielles Interesse oder kennst du jemanden, der ein ungewöhnliches Hobby ausübt? Berichte in der Klasse davon.

Tipps für verliebte Mädchen

Auch Yayo hat Gefühle für Couch. Welche Ratschläge würdest du ihr geben? Schreibe eine Liste mit Tipps für verliebte Mädchen.

Teddy-Oma und Foto-Opa

Couch nennt seine Oma „Teddy-Oma", Yayo spricht von ihrem „Foto-Opa". Notiere eine vertraute Person aus deinem Umfeld und einen Gegenstand, den du mit ihr verbindest. Schreibe auf, warum du bei dem Gegenstand an diese Person denkst.

Kreativ aktiv

Plakate gestalten:

a) Gesunde Ernährung

Couch nimmt sich vor, abzunehmen und sich gesünder zu ernähren. Doch wie sieht eine ausgewogene und gesunde Ernährung aus? Recherchiert im Internet, druckt Bilder und Grafiken aus und gestaltet ein Plakat.

b) Die Reise der Plastikflasche

Yayo und Couch unterhalten sich auf der Zugfahrt darüber, wie ungesund es ist, aus Plastikflaschen zu trinken (20. Kapitel). Informiert euch darüber, wie eine Plastikflasche entsteht und was nach der Entsorgung damit geschieht. Haltet eure Rechercheergebnisse in Form eines Plakats fest.

Couch in der Falle

Im 16. Kapitel kommt Yayo bei Couch zu Hause vorbei und zeigt ihm eine Website.

1. Beantworte die folgenden Fragen.

a) Was ist der Inhalt der Website?

____

____

b) Warum zeigt Yayo Couch die Website?

____

____

c) Welche Gefühle löst die Website bei Couch aus?

____

____

Couch sitzt in der Falle.

2. Zwischen welchen zwei Möglichkeiten muss sich Couch entscheiden? Schreibe in die beiden Herzhälften. Notiere auch, welche Folge die Entscheidung jeweils hätte.

Entscheidung: ________________

____

Folge: ________________

____

____

Entscheidung: ________________

____

Folge: ________________

____

____

3. Wie sollte sich Couch entscheiden? Triff eine Wahl und rahme die entsprechende Herzhälfte mit einem farbigen Stift ein. Begründe deine Entscheidung.

____

____

____

Yayo engagiert sich

Yayo setzt sich für das Klima ein.

1. Wofür kann man sich noch engagieren? Ergänze das Schaubild, indem du vier weitere übergeordnete Bereiche einträgst und die einzelnen Organisationen passend zuordnest.

Soziales | Jugendrotkreuz | Wahlhelfer | Greenpeace | Politik | Vorleseclub der Stiftung Lesen

Fridays for Future | Deutscher Olympischer Sportbund | Bildung | Jugendgruppe einer Partei | Caritas | Sport

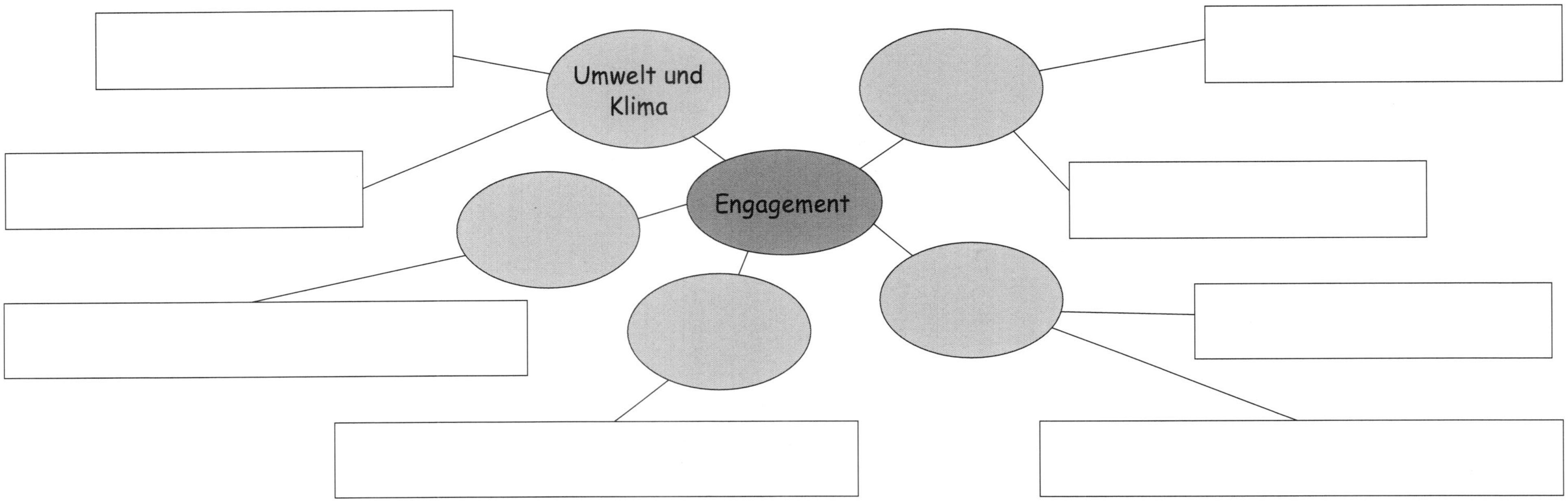

Engagement

Umwelt und Klima

2. Wie kann man sich bei dir vor Ort engagieren? Recherchiere, welche Organisationen und Gruppen es in deiner Gemeinde gibt.

3. Wähle eine Organisation aus und informiere dich näher über ihre Arbeit. Stelle sie der Klasse vor.

Ich muss etwas ändern!

Im 17. Kapitel denkt Couch: „Oh ja, ich muss etwas ändern!“

1. Was bringt Couch auf diesen Gedanken? Ordne ihn in den Handlungszusammenhang ein.

2. Was möchte Couch ändern, was hat er bereits geändert? Suche ein Textbeispiel für eine Veränderung in jedem Lebensbereich und notiere es mit Kapitel- und Seitenangabe.

Haushalt: ______

Ernährung: ______

Fitness: ______

Schule: ______

3. Gibt es etwas, das du in deinem Leben ändern möchtest? Kreuze an und begründe deine Antwort.

☐ Ja, und zwar ______,

weil ______

☐ Nein, weil ______

Das schwarze Monstrum

Yayo bringt eine analoge Kamera mit in den Unterricht.

1. Wie funktioniert eine analoge Kamera? Ergänze die Lücken mit den passenden Begriffen.

Objektiv | Bild | Schicht | Film | Blende | Auslöser | Sonne

Die ______________ oder eine Lampe strahlt Licht aus, das auf einen Gegenstand fällt. Der Gegenstand reflektiert das Licht. Das ______________ der Kamera fängt die Lichtstrahlen ein. Im Objektiv befindet sich eine kleine Öffnung, die ______________. Drückt man auf den ______________, öffnet sie sich für einen kurzen Moment. In der Kamera liegt ein Plastikstreifen, der ______________. Er hat eine lichtempfindliche ______________. Wenn das Licht durch die Blende auf den Film fällt, verändert sich diese Schicht. So wird das ______________ auf dem Film festgehalten.

Couch kennt keine analogen Kameras, Fotos macht er mit dem Smartphone.

2. Was sind die Vor- und Nachteile einer analogen Kamera und eines Smartphones beim Fotografieren? Sprich mit deinem Partner. Sammelt eure Ergebnisse in der Tabelle.

	analoge Kamera	Smartphone
Vorteile		
Nachteile		

3. Welches Gerät eignet sich besser zum Fotografieren? Schreibe eine Erörterung in dein Heft. Verwende eure Ergebnisse aus Aufgabe 2.

Eine echte Japanerin?

Im 18. Kapitel sagt Pascal: „Eine echte Japanerin ist eben immer mit der Kamera unterwegs."

1. Worum handelt es sich bei Pascals Aussage? Kreuze die passende Antwort an.

☐ eine Feststellung ☐ ein Vorurteil ☐ eine Beobachtung

2. Suche ein weiteres Beispiel für diese Art von Aussage im Buch und notiere es mit Kapitel- und Seitenangabe.

____

____

3. Sind die beiden Aussagen aus Aufgabe 1 und 2 wahr? Begründe deine Antwort.

____

____

____

____

____

4. Notiere eine Annahme, die du über eine bestimmte Personengruppe hast, in die linke Sprechblase. Tausche das Blatt mit deinem Sitznachbarn. Überlege, ob seine Annahme zutrifft, und schreibe deine Begründung in die rechte Sprechblase.

Klimaschutz mit Spaß

Couch stößt bei seiner Internetrecherche auf Klimaschutzaktionen, die Spaß machen.

1. Zwei Aktionen fallen Couch besonders auf. Beschreibe ihren Ablauf mit eigenen Worten. Du kannst auch Informationen aus dem Internet ergänzen.

Kleidertauschparty

2. Überlegt euch eine eigene Klimaschutzaktion mit Spaß. Bewerbt eure Aktion, indem ihr einen Flyer mit einem kurzen Informationstext und Bildern gestaltet.

Unsere Aktion: ______________________________

✂

21. bis 24. Kapitel: Doppeltes Glück

Inhalt

(21) In der Straßenbahn beobachtet Couch, wie Firat überfallen wird, und macht geistesgegenwärtig ein Foto von der fliehenden Frau. Während Yayo nach Hause eilt und die Aufnahme entwickelt, geht Couch mit Firat zur nächsten Polizeiwache, um den Diebstahl anzuzeigen. Die Beamten sind zunächst skeptisch, ob die Jugendlichen bei der Aufklärung des Falls helfen können, doch dann kehrt Yayo mit der scharfen Fotografie eines Autokennzeichens zurück. Couch begleitet Yayo nach Hause. Vor der Tür überreicht sie ihm ein Foto, auf dem er selbst zu sehen ist, und gibt ihm einen Kuss auf die Wange. Als Yayo und Couch mit Yayos Mutter Tee trinken, klingelt das Telefon und die beiden werden noch einmal auf die Wache gerufen. Die Diebin wurde gefasst und Firats Geld sichergestellt. Die Beamten danken den drei Jugendlichen für ihre Hilfe und Firat bedankt sich bei Couch und Yayo.

(22) Endlich kommt es zur Aussprache zwischen Couch und seiner Mutter: Couch konfrontiert sie mit seiner Beobachtung im Stadtzentrum. Daraufhin erzählt seine Mutter von ihrer neuen Beziehung und äußert den Wunsch, dass Couch ihren Freund kennenlernt. Im Sportunterricht wird Couch leicht an der Lippe verletzt und weckt damit Yayos Mitgefühl. Ein erneuter Besuch auf der Polizeiwache drängt den kleinen Unfall in den Hintergrund. Die drei Jugendlichen erfahren, dass die Diebin Mitglied in einer Profibande war, und erhalten jeweils hundert Euro Belohnung für ihre Mithilfe. Auf dem Heimweg ruft Couchs Mutter bei ihm an und fragt, ob er mit ihr und ihrem Freund essen gehen wolle. Der Abend in der Pizzeria verläuft angenehmer als erwartet und Couch beginnt Kornelius, den Freund seiner Mutter, sympathisch zu finden.

(23) Bei einem Treffen am nächsten Nachmittag beschließen Couch und Yayo, dass sie beide die hundert Euro Belohnung für die Förderung erneuerbarer Energien spenden werden. Aber Couchs Gedanken kreisen vor allem um Yayo und wie er ihr näherkommen kann. Als Yayo gegangen ist, ergreift er die Initiative und schickt ihr eine eindeutige Nachricht mit einem Foto von Händchen haltenden Strommasten. Doch Yayos Antwort bleibt aus.

(24) Etwas später klingelt es an der Wohnungstür. Niemand ist da, aber auf der Fußmatte entdeckt Couch einen Brief von Yayo. Darin befindet sich ein Foto als positive Antwort auf seine Nachricht. Kurz darauf steht Yayo selbst vor der Tür. Couch umarmt sie und die beiden küssen sich. Den restlichen Nachmittag verbringen sie in Couchs Zimmer. Später kommt seine Mutter vorbei und stößt mit ihnen auf das doppelte Pärchenglück an. Am Telefon bedankt sich Kornelius bei Couch für das schöne Essen in der Pizzeria. Abends liegt Couch im Bett und telefoniert mit Yayo. Er verspricht ihr, sie zum nächsten Treffen der Klimaschutz-Ortsgruppe zu begleiten, und kündigt an, ihr von seinen Internetrecherchen zu berichten. Dann wünschen sich die beiden eine gute Nacht.

Unterrichtsschwerpunkte

- das Textverständnis überprüfen
- ein Protokoll verfassen
- die Beziehungen zwischen den Figuren untersuchen

Zu den Kopiervorlagen

KV Seite 42

Die Zeugenaussage
Auf dem Rückweg vom Foto-Flohmarkt beobachtet Couch, wie Firat überfallen wird, und begleitet ihn anschließend zur nächsten Polizeiwache. Indem die Schüler alle wichtigen Informationen in das Protokoll eintragen, rekapitulieren sie den Tathergang und beweisen ihr Textverständnis. Ein Protokoll dient dazu, die Fakten und den Ablauf eines Ereignisses sachlich und knapp festzuhalten. Es wird im Präsens verfasst.

Die drei Jugendlichen aus der Lektüre bekommen später hundert Euro Belohnung für ihre Mithilfe bei der Überführung der Täterin. Die Schüler überlegen, wofür sie diesen Betrag einsetzen würden, und werden dadurch für einen verantwortungsvollen Umgang mit Geld sensibilisiert.

Lösung
Aufgabe 1:
Name des Zeugen: Matthias-Georg
Straftat: Diebstahl eines Geldbeutels mit 95 €
Tatopfer: Firat
Tatort: Straßenbahn
Tathergang: Firat steht vorne an der Tür. Er wird von einer Frau bedrängt, die wild herumfuchtelt. Auf einmal schreit die Frau auf, springt aus der Straßenbahn, rennt weg und steigt in ein Auto. Firat stellt fest, dass sein Geldbeutel verschwunden ist.
Tatverdächtige: die Frau, die geflohen ist
entscheidendes Beweismittel: Foto eines Kfz-Kennzeichens

Aufgabe 2:
Yayo und Couch spenden das Geld für die Förderung erneuerbarer Energien.
individuelle Lösung

KV Seite 43

Blind Date mit Vollkorn

Im 22. Kapitel lernt Couch den neuen Freund seiner Mutter kennen. Couch steht dem Treffen vorher skeptisch gegenüber, doch im Laufe des gemeinsamen Abendessens beginnt er, den Freund immer sympathischer zu finden. Wie Kornelius es schafft, das Eis zu brechen, vollziehen die Schüler mit diesem Arbeitsblatt nach.

Der Schreibanlass „Perspektivwechsel" (rechts) fordert sie dazu auf, den Abend aus der Sicht von Kornelius zu schildern.

Lösung

a) „Ich war ziemlich neugierig auf dich."

b) „Geht auf meine Rechnung. Wenn du das nicht schamlos ausnutzt, bin ich enttäuscht von dir."

c) „Bestimmt denkst du: Da kommt so ein Vollhorst, schnappt sich meine Mutter und drängt sich in unser Leben."

d) „Wenn wir beide miteinander auskommen würden, wäre ich wahnsinnig froh."

e) „Wenn du denkst, dass ich bei euch einziehen will, irrst du dich."

Ohne Worte

Couch und Yayo werden im letzten Kapitel ein Paar. Diesem glücklichen Ende geht eine schrittweise Annäherung voraus, bei der die beiden einander durch verschiedene Signale und bildliche Botschaften ihre Zuneigung zeigen. Die Schüler führen sich die Entwicklung der Beziehung zwischen Couch und Yayo vor Augen, indem sie die einzelnen Signale der passenden Figur zuordnen und sie in die richtige Reihenfolge bringen.

Lösung

Aufgabe 1:

Yayo: Krankenbesuch, Bild von Liebespaar auf der Couch, zärtlicher Kuss, Bild von Couch in der Kinderspielecke im Zug, Wangenkuss, Bild von Möhren

Couch: Krankenbesuch, richtiger Kuss, Begleitung zum Foto-Flohmarkt, Bild von Strommasten, feste Umarmung

Aufgabe 2:

1) Krankenbesuch, 2) Begleitung zum Foto-Flohmarkt, 3) Bild von Couch in der Kinderspielecke im Zug, 4) Wangenkuss, 5) Bild von Strommasten, 6) Bild von Möhren, 7) feste Umarmung, 8) zärtlicher Kuss, 9) richtiger Kuss, 10) Bild von Liebespaar auf der Couch

Schreibanlass

Perspektivwechsel

Wie erlebt Kornelius die erste Begegnung mit Couch in der Pizzeria? Schreibe einen Bericht über den Abend aus seiner Sicht.

Kreativ aktiv

Du kannst mich mal … in meinem Zimmer besuchen

Überlege dir einen (scheinbar) negativen Satzanfang, z. B. „Du bist ja wohl komplett …" oder „Du hast doch wohl …". Wie die Nachricht von Yayo und Couch an seine Mutter soll deine Botschaft einen Überraschungseffekt erzielen, indem sie eine positive Wendung nimmt. Notiere die beiden Satzteile auf die Vorder- und Rückseite eines Blattes und überreiche es einem Mitschüler oder einer Mitschülerin.

Die Zeugenaussage

Im 21. Kapitel wird Couch Zeuge eines Überfalls und muss eine Aussage machen.

1. Schreibe alle wichtigen Informationen in das Protokoll der Zeugenaussage.

Name des Zeugen: ______________________________

Straftat: ______________________________

Tatopfer: ______________________________

Tatort: ______________________________

Tathergang: ______________________________

____

____

____

____

Tatverdächtige: ______________________________

entscheidendes Beweismittel: ______________________________

Für ihre wertvolle Hilfe bei den Ermittlungen bekommen Yayo, Couch und Firat jeweils hundert Euro Belohnung.

2. Wofür setzen Yayo und Couch ihr Geld ein? Was würdest du mit hundert Euro anstellen? Notiere deine Antworten.

Yayo und Couch ______________________________

____

Ich ______________________________

____

____

Blind Date mit Vollkorn

Couch lernt den neuen Freund seiner Mutter bei einem Abendessen in der Pizzeria kennen (22. Kapitel).

Wie schafft es Kornelius, das Eis zu brechen? Ergänze jeweils den Satz von Kornelius, der Couchs Reaktion vorausgeht.

a) Kornelius: ______________________________

Couch: „Ich auf dich kein bisschen, du Vollhorst!", möchte ich sagen, verkneife es mir aber und schaue stattdessen so freundlich, wie es mir möglich ist.

b) Kornelius: ______________________________

____

Couch: Das lasse ich mir bestimmt nicht zweimal sagen. Ich wähle meine Lieblingspizza und einen großen gemischten Salat.

c) Kornelius: ______________________________

____

____

Couch: Wer derart ins Schwarze trifft, bringt mich aus dem Konzept.

d) Kornelius: ______________________________

____

Couch: Der Mann ist so direkt, dass ich Mühe habe, ihm zu folgen. Meistens winden sich Erwachsene entsetzlich, wenn es in ihren Augen ernst wird. Aber dieser hier geht sofort in die Vollen. Ich kann nicht anders: Ich beginne, ihn sympathisch zu finden.

e) Kornelius: ______________________________

____

Couch: Ich sehe verwirrt zu meiner Mutter. Bestimmt ist das für sie eine Enttäuschung. Doch sie lächelt mich an und sieht dabei irgendwie erleichtert aus. „Gut!", sage ich schließlich, weil mir nichts Besseres einfällt.

Ohne Worte

Yayo und Couch zeigen einander ihre Zuneigung durch Bilder und verschiedene andere Signale.

1. Von wem geht das Bild oder das Signal aus? Verbinde mit dem passenden Kopf unten.

2. Bringe die Bilder und die Signale in die richtige Reihenfolge, indem du sie nummerierst.

feste Umarmung ☐

Wangenkuss ☐

Ich könnte mir sogar das vorstellen...

richtiger Kuss ☐

Begleitung zum Foto-Flohmarkt ☐

KINDERSPIELECKE

Krankenbesuch ☐

zärtlicher Kuss ☐

Nach der Lektüre

Unterrichtsschwerpunkte

- die Entwicklung der Hauptfigur rekapitulieren
- Bilder beschreiben und in den Handlungszusammenhang einordnen
- das eigene Verhalten reflektieren

Zu den Kopiervorlagen

Viele Veränderungen

Couch hat sich im Laufe der Lektüre gewandelt – von der einsamen Couch-Potato zum glücklich verliebten Jugendlichen, der in der Schule, zu Hause und in der Freizeit Initiative zeigt. Seine Entwicklung wird auf dem vorliegenden Arbeitsblatt durch vier Illustrationen aus dem Buch exemplarisch veranschaulicht. Die Schüler ordnen die einzelnen Szenen in den Handlungszusammenhang ein und verfassen jeweils eine passende Bildunterschrift. So rufen sie sich den Veränderungsprozess des Protagonisten noch einmal ins Bewusstsein.

Lösung

Aufgaben 1 und 2:

4. Kapitel, Seite 22

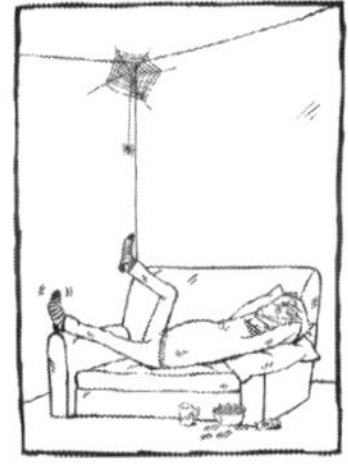

Couch liegt allein auf der Couch, nachdem seine Mutter ihm verkündet hat, dass mit ihrem Kümmern Schluss ist.

11. Kapitel, Seite 60

Couch betrachtet sein Spiegelbild und ihm wird klar, dass er Yayo in diesem Outfit nicht die Tür öffnen kann.

18. Kapitel, Seite 108

Couch freut sich innerlich über Yayos Frage, ob er sie zum Foto-Flohmarkt begleiten würde.

24. Kapitel, Seite 159

Couch ist nicht mehr allein – er und Yayo sind jetzt ein glücklich verliebtes Paar.

KV Seite 47/48

Wie faul bist du?

Die abschließenden beiden Kopiervorlagen sind ein augenzwinkernder „Test", mit dem Ihre Schüler herausfinden können, welcher Faulheitstyp sie sind. Nachdem sie die Fragen zu ihrem Verhalten in bestimmten Situationen, zu ihrer Lebenseinstellung und zu ihren Wünschen beantwortet haben, zählen sie, welcher Buchstabe (F, K oder B) am häufigsten vorkommt. Ein Partner liest die entsprechende Auswertung vor.

Die Texte sind nicht ganz ernst gemeint und mit Humor zu nehmen. Dennoch regen sie vielleicht den einen oder anderen dazu an, die eigenen Verhaltensmuster zu überdenken.

Lösung

individuelle Lösung

Gesprächs- und Schreibanlässe

Couch und seine Mitmenschen

Wähle eine Figur aus (Couchs Mutter, Yayo, Firat oder „Vollhorst") und beschreibe anhand von Textbeispielen, wie sich die Beziehung zwischen Couch und dieser Figur im Laufe der Lektüre verändert.

Wie geht es weiter?

Was erlebt Couch auf dem Treffen der Klimaschutz-Ortsgruppe? Wie entwickelt sich die Beziehung mit Yayo? Und welchen Einfluss hat Kornelius auf das Leben von Couch und seiner Mutter? Überlege, wie die Geschichte weitergehen könnte, und schreibe eine Fortsetzung.

Viele Veränderungen

Wie hat sich Couch im Laufe der Lektüre entwickelt?

1. Ordne die Bilder in den Handlungsverlauf ein, indem du die Kapitel- und Seitenangabe darüberschreibst.

2. Verfasse jeweils eine passende Bildunterschrift. Sie soll die dargestellte Situation kurz erklären.

☐ Kapitel, Seite ☐	☐ Kapitel, Seite ☐	☐ Kapitel, Seite ☐	☐ Kapitel, Seite ☐

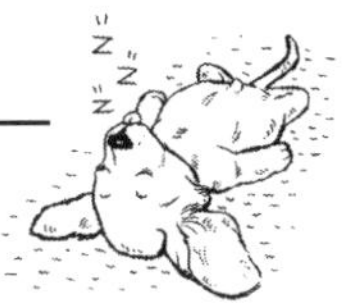

Wie faul bist du? (1)

Finde es heraus, indem du jeweils die Antwort ankreuzt, der du am ehesten zustimmst. Natürlich ganz ehrlich sein!

Am Samstagmorgen ...

- ☐ bekommt mich niemand zu Gesicht, weil ich noch im Land der Träume verweile. (F)
- ☐ locken mich Stimmen und der Geruch von frischen Brötchen aus dem Bett. (K)
- ☐ bin ich vor allen anderen wach und laufe zum Bäcker um die Ecke. (B)

Du bist gleich mit einem Freund oder einer Freundin verabredet, doch es regnet. Was tust du?

- ☐ Ich sage das Treffen ab. (F)
- ☐ Ich ziehe mein Regencape über und schwinge mich aufs Rad. (B)
- ☐ Ich beschließe, dass ich ausnahmsweise mit dem Bus fahre. (K)

Am ersten Tag im Strandurlaub ...

- ☐ überrede ich ein Familienmitglied zu einem Wettschwimmen oder einer Runde Frisbee. (B)
- ☐ liege ich mit einem Buch in der Sonne und kühle mich zwischendurch im Wasser ab. (K)
- ☐ verschlafe ich den Aufbruch zum Strand und vertreibe mir die Zeit mit Computerspielen. (F)

Welcher Satz entspricht am ehesten deinem Lebensmotto?

- ☐ Nach getaner Arbeit ist gut ruhen. (K)
- ☐ Der frühe Vogel fängt den Wurm. (B)
- ☐ Probier's mal mit Gemütlichkeit. (F)

An meinem Geburtstag ...

- ☐ besorge ich Getränke und Snacks und warte auf meine Gäste. (K)
- ☐ freue ich mich, dass ich heute einen Grund habe, keinen Finger zu rühren. (F)
- ☐ gehe ich mit meinen Freunden bowlen oder in den Kletterpark – Hauptsache, aktiv! (B)

Wenn ich eine Million gewinnen würde, würde ich ...

- ☐ den Rest meines Lebens in der Hängematte verbringen. (F)
- ☐ mit dem Geld eine eigene Organisation oder ein Unternehmen aufbauen – ich habe viele Ideen! (B)
- ☐ eine Hälfte des Jahres arbeiten und die übrigen sechs Monate meinen Hobbys nachgehen. (K)

Wie faul bist du? (2)

Sieh dir die Buchstaben hinter deinen Antworten an. Der Buchstabe, der am häufigsten vorkommt, verrät dir, welcher Faulheitstyp du bist.

F wie FAULTIER

Du bist ein Faulpelz, wie er im Buche steht! Schlafen und chillen sind deine Lieblingsbeschäftigungen und Anstrengungen gehst du am liebsten aus dem Weg. Mit dir kann man super abhängen, denn du strahlst Ruhe und Gemütlichkeit aus. Aber gewisse Menschen bringst du mit deiner Faulheit auf die Palme. Wenn du ab und zu deinen inneren Schweinehund (oder dein inneres Faultier) überwinden könntest, würdest du dir manchen Ärger ersparen und deine Mitmenschen glücklich machen!

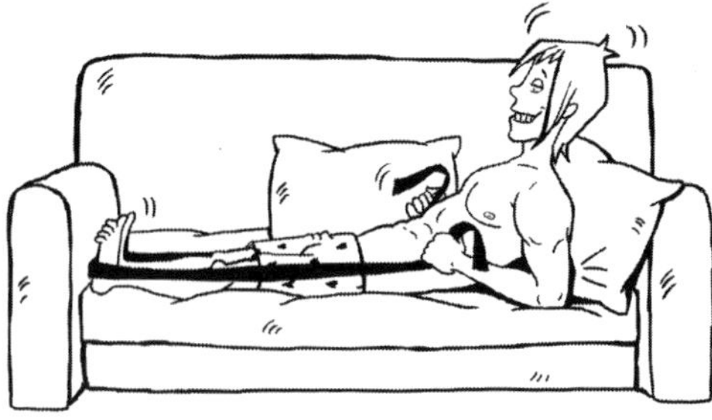

K wie KATZE

Zwischen Faulheit und Fleiß wählst du den mittleren Weg. Wenn Arbeit ansteht, erledigst du sie meist ohne Murren, aber du kannst dir durchaus auch mal die Sonne auf den Pelz scheinen lassen – ganz nach Laune. Deine Freunde schätzen deine Flexibilität. Aber pass auf, dass deine Anpassungsfähigkeit nicht zur Beliebigkeit wird. Vertraue auf dein Unterscheidungsvermögen: Wann lohnt es sich, geduldig vor dem Mauseloch zu warten, und wann ist es Zeit, zuzuschnappen?

B wie BIENE

Du bist die fleißigste Biene im Bienenstock! Schon am frühen Morgen bist du voller Energie und zu allen Schandtaten bereit. Deine Freunde sind gern mit dir zusammen, denn du hast viele tolle Ideen und deine Begeisterung wirkt ansteckend. Aber denk dran: Faul sein ist manchmal wunderschön und auch du brauchst Pausen – um mit Schwung ins nächste Abenteuer zu starten!

